普天之下・盡是好書
普天出版家族
Popular Press Family
凌雲文創
A-Plus Creative Company

想扭轉情勢，
先改變
自己的態度

想改變未來，先改變你的心態

Change for the Better

黛恩—編著

這句話告訴我們，如果，你用不同的心態去看問題，最後，所得出的答案，勢必也會有所不同，因此想要擁有什麼未來，其實完全在於你用什麼心態去面對現在。

荷馬曾經如此寫道：「**如果能在希望中獲得力量，當然在絕望中，同樣也能獲得。**」
通常，當我們陷入絕望境界的時候，往往會對未來抱著悲觀和沮喪，但是，假如我們可以改變心
把絕望當成是希望來臨之前的曙光，那麼我們即可輕輕鬆鬆地改變原本不被我們看好的未來。

出版序

想改變未來，先改變你的心態

當目的勢在必得，若環境不能改變的時候，就學習改變自己去適應環境；想要得到成功，並無須拘泥於一種方案。

詩人紀伯倫曾經寫道：「如果理想是人生大船的舵，那麼，態度則是人生大船的帆。」

重要的並不是你遭遇什麼，而是你用什麼心態面對。想出人頭地，就必須調整自己的心態。不必哀怨愁苦，不必一味嘆氣，只要願意轉換自己的心態，你就可以改變自己的未來。

法國作家拉羅什富科曾說：「人在順境中，要比在逆境中，更需要具備改變態度的決心和勇氣。」

的確，能不能成功，絕大部分取決於你身處逆勢的時候，是否擁有改變態度的信心和決心。

各種領域裡轉敗爲勝的例子，在在證明了，只要我們能夠在劣勢中改變原本的做事態度，找出克服困境的有效方法，就能夠逆轉對自己原本不利的形勢。

人要有目標才能前進，也要有信心才能成功。當目標設定了，就該秉持信心，安排計劃，循序漸進依步驟執行，才能得到理想的成果。

這其中還有一個極爲重要的要點，那就是目標只有一個，要完成目標的信心也只有一種，但是計劃方案卻可以有千百種。只要我們改變執行計劃的態度，就能改變看似困難重重的形勢。

伊斯蘭教的先知穆罕默德，帶著四十位門徒在山谷裡講道。

他鼓勵門徒說，「信心」是成就任何事物的關鍵，也就是說，人只要有信心，便沒有不能成功的計劃。

一位門徒提出心中的疑問，他說：「你有信心，那你能把那座山移過來，讓我們站在山頂嗎？」

「當然可以！」穆罕默德對著他的門徒，滿懷信心地把頭一點，然後轉過身對山大喊一聲：「山，你過來！」

整座山谷裡響起了他的回聲，回聲漸漸消失，山谷又歸於寧靜。大家都聚精會神地望著那座山，當然，山並沒有移動。

穆罕默德說：「山不過來，那我們就過去吧！」

他們開始爬山，經過一番努力，終於到了山頂，他們因信心促使希望實現而歡呼，也明瞭穆罕默德對他們的教誨。

威廉·席克生說：「假如開始時不成功，再試，再試。」

在工作上、學業上，我們可能遭受到各種困難，這些困難無疑都需要我們去找出方法來解決。

然而，別忘了，方法絕對不僅僅只有一種，也沒有人能告訴你一定要選用哪一種才能成功，或許每一種方法都有用，差別可能只在於過程中所需花費的時間精力多寡不同而已。

「山不過來，我們過去吧！」這句話正是這個道理，當你嘗試之後發現山不向你移動，那麼選擇向山移動又何妨呢？想要達到站立山頂的目的，誰過來、誰過去又有什麼差別呢？

懂得這個道理，可以幫助我們化解許多感情和工作上的衝突，解決許多人生旅程上的困難。當目的勢在必得，若環境不能改變的時候，就學習改變自己去適應環境；山不過來，我們就自己走過去，終會達到同樣的結果。

想要得到成功，必須心隨境轉，並無須拘泥於一種方案。

本書《想改變未來，先改變你的心態》是作者舊作《改變心態，就能改變未來全集》的全新修訂，謹此說明。

PART—1 事情的難易度，只是主觀的認知

事情的難易程度，其實都是我們主觀的認知，只要採取正確的方法，用樂觀的態度面對，都是為最後成功奠下基礎。

PART—2

實踐夢想 需要冒險的膽量

別人可以做到的，如果我們真的想要，也同樣做得到，只要我們真的覺悟，全心投入，便可能推開成功的大門。

PART—3

依賴慣性，只會讓你掉入陷阱

我們常常因為慣性的處事態度，而被束縛了前進的腳步，面對生活上的難題時，便容易鑽入牛角尖裡。

PART—4

活在當下，才能塑造未來

未來，勢必會有更多的遭遇與險阻，為了克服種種挑戰，我們必須具備堅定的自我意識，在當下盡情地活出一片燦爛。

PART—5

強顏歡笑 沒有什麼不好

笑臉引笑臉，愁容帶愁容；你想要過得愉快還是哀愁呢？選個表情裝上臉吧！別忘了，假裝久了是會「弄假成真」喔！

PART—6

有主見，才能做出正確的判斷

堅持自己的主見，傾聽他人的意見。如此一來，我們就能夠判斷出什麼才是問題的癥結，也才明白什麼才是真正的答案。

PART—7

心怎樣想，就得到怎樣的人生

心不同，想法就會不同；想法不同，做法也跟著不同，沒有對和錯、是和非，你的心如何選擇，你的人生就會順著那樣走。

PART—8

改變自己，跳出生活的框框

與其被動地等別人來改變情勢，不如靠自己主動出擊，改變自己去因應環境，將局勢變成對己有利。

PART—9

後退，是為了再度前進

眼前的失敗是為了下一次的成功做準備，我們何須沮喪於眼前的挫折？那些都只不過是為了琢磨我們成長的過程！

PART—10

你可以主動拒絕挫折

不讓挫折有機會近身，就要堅持以正向的角度來看待事情，不要讓別人的負面想法影響我們的思緒。

PART 1

事情的難易度，只是主觀的認知

事情的難易程度，其實都是我們主觀的認知，
只要採取正確的方法，用樂觀的態度面對，
都是為最後成功奠下基礎。

邁開大步走自己的道路

如果我們覺得自己的決定沒錯，為什麼不邁開大步走向自己選擇的道路，又為什麼要因為別人的幾句話而動搖呢？

好萊塢最美麗也最有氣質的女星奧黛莉・赫本曾經說過這樣一句話：「我這一生，都照自己的方式生活，從不曾後悔遺憾。」

對自己的選擇從不後悔，好令人羨慕的人生態度！

在人生的道路上，我們會面臨無數的抉擇，心中的天平七上八下，總是選不定什麼樣的決定才是最好的。

往往一做了決定，得到了結果，又會後悔自己當初應該做另一個決定才對。

於是，人生就在不斷的後悔之中度過，終其一生自己的心都不曾自由，就算決定是自己所做，也始終認為自己在為別人而活。

然而，事實眞的是如此嗎？

恐怕這只是推託之辭吧？因為這麼想才能把所有的過錯推給別人：我這一生的所有不如意，都是別人害的！

與其要聽從別人的意見行事，事後再來後悔，何不學學奧黛莉．赫本照自己的方式生活，為自己的人生負責？

美國著名的偵探小說作家蘇格拉夫頓女士，曾經自述：「如果在二十五年前就有人告訴你，你將能得到你想得到的一切，但是你必須耐心等待二十五年，你將作何感想？你該如何走眼前的道路？」

她選擇的方式是無畏無畏走向自己的人生道路，不斷地書寫，不斷地創作，度過了二十五年窮困、沉寂、沒沒無聞的日子。

她寫了無數的作品，但從未受人賞識出版，只能藏箱底。直到二十五年後，終於有一家電視公司青睞她的小說，從此大放異彩，揚眉吐氣。

如果你所選擇的生活方式與人生目標，在旁人的眼中是無法實現的，他們總是勸你「那是不可能的」，這樣的日子，你能夠撐多久？

你能夠獨排眾議、排除萬難地依照自己的心去生活嗎？

蘇格拉夫頓撐過了二十五年，實現了對自己的承諾；你我也同樣可以，只要我們對自己有足夠的信心、毅力和行動力。

人生過程中，那些橫擺在我們眼前的逆境與困境，其實都是心境造成的；很多時候，不是環境限制了我們，而是我們用負面思維囚禁了自己，不敢邁開大步走自己想走的道路。

改變心態，就能改變你的未來。不必懷疑自己的實力，不要抱怨這個世界不公平，更不能對自己失去信心。

信念夠堅定，就能撐過各種磨難，《呂氏春秋》內有云：「石可破也，而不可奪堅；丹可磨也，而不可奪赤。」

意思就是說，石頭雖然可以將之破碎，卻不可以改變它堅硬的性質；硃砂雖可以被磨碎，卻無法改變它赤紅的顏色。我們的心志與定向，只要夠堅強，同樣也無法被外力改變。

女作家賽珍珠說過：「當人們知道自己是對的時候，是應該勇敢的。」

如果我們覺得自己的決定沒錯，爲什麼不邁開大步走向自己選擇的道路，又爲什麼要因爲別人的幾句話而動搖呢？

人不只要心中有夢，更要有圓夢的決心；一旦下定了決心，就不妨放手依照自己的方式去做，往前衝刺，往前追求。

決定之後就別再患得患失，更別因爲一時的失意而後悔，因爲那無助於成功，只有損信念。

猶豫只會錯失良機

相信自己能夠解決問題，遇事不退縮，勇於動手去做，那麼圓夢的機會就多了一分可能性。

不管是知難行易，還是知易行難，如果不曾去做，就不可能會知道，最後都一樣成不了事。

但反過來，凡事只要肯下定非成功不可的決心做，那麼不管要花上多少時間氣力，總有成功的一天。

既然要做事，就要有方法；確定了目標，更應該積極去準備。要儲備戰力，要設定戰略，要鎖定後援，要靜待良機。

有時候，親力親爲並不一定是最好的方法，自己能力所不及之處，不妨開口求助他人，以達到借力使力的效果。

求人，是一件難事，因爲那代表著要爲了目的而向他人低頭，卻不一定能夠成功得到助力，要做出這個決定需要莫大的勇氣。但是，如果這份助力對我們來說是迫切所需，躊躇猶豫豈不是白白錯失良機？

有「經營之神」之稱的日本知名企業家松下幸之助，曾經說過一則令他相當感動的故事。

他的一位企業界的朋友有一次投宿飯店，在飯店裡遇見一位女清潔工，兩人短暫地閒聊，之後女清潔工竟直率地開口借錢。她說：「我想要經營一家這樣子的飯店，我相信我一定可以經營得很好。」

這名企業家在商場多年，多得是遇到這種要求疏通的經驗，雖然他很樂意提攜後進，但是他畢竟是經營企業，而不是開救濟院，本來就不是有求必應，所以他只是表情淡然地看著這名女清潔工，不置可否。

但是，這名女清潔工並不因此退怯，反而拿出自己的存款薄，裡頭記錄著她十五年來的一點一滴積存下來的儲蓄。她十分誠懇地說：「我還缺一點點錢就能完成我的夢想，希望你能夠幫助我。」

企業家的態度由淡然轉爲敬佩，同意慷慨解囊。

這名企業家當然是女清潔工的貴人，但這個貴人是她自己找來的，因爲她能鼓起勇氣毛遂自薦，她知道自己所要的成功能夠藉由什麼樣的方式達成。人如果不能提拔自己、栽培自己、相信自己，別人又如何能相信你呢？

《羅蘭小語》裡有段話這麼說：「充分的自信是由於有足夠的準備、高超的見識、卓越的能力。它不是盲目的剛愎自用，而是清楚地知道事情必然的歸趨。這種自信是由知識、見識和力量所形成的。」

對自己有自信心，是對自己人生負責的一項作爲。好運不會平白無故地從天而降，知所爲而爲，把握時機主動出擊，才有更多成功的機會。

鎖定了目標，決定了方法，就不要遲疑，雖然行動可能會失敗，但不去做永遠不會成功。事情持續地去做，必然會獲得成功；路程不斷地走下去，再遠也能達到目的地。

法國作家博賓斯卡在《居禮夫人的故事》一書中，這麼記載著：「我們應該要有恆心，尤其是有有自信心。必須相信自己是有能力的，而且要不惜任何代價把這種能力發揮出來。」

相信自己能夠解決問題，遇事不退縮，勇於動手去做，那麼圓夢的機會就多了一分可能性。

想成功，首先得不能示弱

懂得強化自己的長處，也懂得掩飾自己的短處，這是一種充滿自信的表現，讓人不敢輕忽你的存在。

莎士比亞在《哈姆雷特》裡留下了這樣的文句：「留心避免和人爭吵，可是萬一爭端已起，就應該讓對方知道你不是可以輕侮的。」

在自然界，我們可以很普遍地觀察到這樣的相爭模式。兩隻雄雞相逢，必先各自豎起毛羽，發出宏亮雞鳴，意圖在氣勢上勝過對方；在未知對方底細之前，只要裝得夠強勢，說不定眞能嚇跑信心不足的對手。

每個人總有不如別人的短處，儘管我們知道自己的弱點何在，但是在心理態度上絕對不能先行示弱，否則就真的矮人一截了。

弱者並不一定不能贏，只要有足夠的勇氣與智慧，懂得掌握良機因應權變，一樣有機會奪取勝利。

最基本的做法，就是在態勢上絕不輕易示弱。

有一個小國家因故與鄰邦強國交惡，種種衝突一觸即發，大有不惜一戰之勢。

於是，小國派出外交大使出使強國，就戰爭問題與強國的首相進行議論，主要用意在於一探對方虛實。

談判過程並不順利，雙方劍拔弩張，屢談不攏，最後小國大使放話不惜開戰，以此威脅強國。

小國大使說：「我國擁有軍車三十輛，飛機八十架，足以攻擊貴國。」

主導整個談判的強國首相聽了，輕蔑地笑道：「我們的軍車和飛機數量，要多過你們一百倍。」

小國大使仍不示弱，繼續恐嚇道：「我國有二萬五千人的精良部隊，能夠佔領貴國。」

強國首相放聲大笑，說道：「我們擁有的軍隊，人數多過你們一百倍。」

小國大使聽了，要求先回國請示，再繼續談判。當大使再度來訪時，態度已有了一百八十度的轉變，希望以和平方式解決衝突問題。

強國首相認為小國必定是懼怕自己的堅強國力，沒想到小國大使竟仍舊神色自若地說：「您錯了，我國並非懼怕貴國的兵力，而是我國國土太小，容不下兩百五十萬名戰俘。」

外交人員為國發聲，所代表的是國家形象，要如何因應詭譎的國際情勢，需要有足夠的智謀；縱使國力不如人，也不能輕易示弱，讓人看輕。小國大使所言即使過於虛張聲勢，卻也十足維持了國格，這是他的責任。

聰明的人有自知之明，知道自己的長處，也知道自己的短處，懂得強化自己的長處，也懂得掩飾自己的短處，這是一種充滿自信的表現，讓人不敢輕忽你的存在。

好萊塢知名女演員琥碧戈珀曾經這麼說：「女演員只能演女人，而我是演員，我能演任何角色。」

能有這樣自信的人，必定能夠闖蕩出一片自己的天空。

看重自己，就能讓別人看重你，或許我們有不如人之處，但是我們也一定有過人之處。

不曾面對面遭遇，如何分高低？雙方各擁其勢，沒有經過眞正的比試，輸贏還沒有定數。

所以，站穩自己的腳步，不要一開始就長他人志氣滅自己威風，抱持著一定要贏的心態，成功的勝率無形中便會增大了一點。

多一分寬容就多一分敬重

每個人都會有不方便的時候，在能力所及之處多給人方便，是有氣度的做法，處事多一分寬容，待人就能多一分尊重。

基督教《新約聖經》裡明明白白地寫著：「你們願意人怎樣待你們，你們也要怎樣待人。」

能夠體恤他人難處的人，才是眞正擁有寬大胸懷。

待人寬厚，便是爲自己積福德，因爲每一個人都可能是我們的貴人，別自己把門扉給關上了。

人應該濟人急難，而不是補添富有的不足，也就是說，人要心存雪中送炭之情，而不要只作錦上添花的逢迎之態。

有一天，拿破崙微服出巡，身邊只帶著他的勤務兵迪羅克。他們來到一家酒店用餐，但飯後正欲結帳離去的時候，迪羅克發現身上的錢包不翼而飛，而皇帝身上更是一分錢也沒有，一時之間主僕二人尷尬萬分。

勤務兵向老闆請求一個小時之後再來將款項付清，但老闆哪裡肯呢？一口咬定兩人想吃霸王餐，威脅他們要是不立刻付錢，就把憲兵找來。

皇帝倒是氣定神閒，不怕老闆威脅，這時酒店裡一名侍應站出來說話：「老闆，算了啦，大家都可能遇到忘了帶錢的時候，何必逼人太甚呢？」

但老闆可不放鬆，大吼：「你懂什麼？要是每個人都像他這樣，我生意還要不要做？不管，十四法郎，你立刻付錢，否則就叫憲兵來把你抓走。」

侍應又說：「可是，我看這位先生蠻老實的，不像是會白吃白喝的人，不如我先幫他墊這十四法郎，您就別叫憲兵了。」

反正有人付錢就好，老闆也就放拿破崙二人離開。

過了不久，迪羅克又回到了這家酒店，劈頭就問老闆是花了多少錢買下酒店。

老闆回答：「五萬法郎。」

迪羅克二話不說，拿出五萬法郎的鈔票丟在桌上，然後說：「奉我的主人，法國皇帝之命，這家酒店將送給那位侍應，因爲他在皇帝有困難的時候，伸出援手。」

古波斯作家薩迪曾說：「如果你對別人的苦難無動於衷，那麼你就不配稱為人。」

每個人都會有不方便的時候，所以在能力所及之處多給人方便，是有氣度的做法，也是爲自己存福分。

處事多一分寬容，待人就能多一分尊重；施與受之間是禮尚往來的，你如何待人，別人也如何待你，而你永遠不知道你下一個面對的人究竟是誰，會不會是你的貴人？

事情的難易度，只是主觀的認知

事情的難易程度，其實都是我們主觀的認知，只要採取正確的方法，用樂觀的態度面對，都是為最後成功奠下基礎。

俄國文豪契訶夫曾說：「路是人的腳走成的，為了多闢幾條路，必須多向沒有人的地方去走。」

話中之意強調人應該有勇往直前的精神，追求創新，墨守成規只是故步自封，自己斷絕了其他可行的方法。

遇到困難，有心成功的人，就會絞盡腦汁去找尋每一個可行的方法，去嘗試每一個可行的方法。

如此一點一滴，滴水穿石，什麼樣的難事不能克服？

一九六八年的春天，羅伯．舒樂博士立志在加州建造一座水晶琉璃大教堂，向知名的建築設計師菲力普．強森尋求協助。

他對菲力普．強森說：「我想要的不是一座普通的教堂，而是要在人間建造一座伊甸園。」

強森表示，設計不難，就怕預算不夠。

舒樂博士回答他：「我現在一分錢也沒有，所以一百萬美元的預算和四百萬美元的預算對我來說並沒有差別。但只要教堂本身有足夠的魅力，我就能募得足夠的捐款。」

於是，強森同意放手設計，結果最後估算出來，總預算高達七百萬美元。儘管這個數字完全超出舒樂博士的預料與能力所及，但他還是願意挑戰實現夢想的可能性。

那天晚上，他拿出一張白紙，在紙頭的最上方寫著「七百萬美元」，而後他繼續以條列的方式寫道：

一、尋找一筆七百萬美元的捐款
二、尋找七筆一百萬美元的捐款
三、尋找十四筆五十萬美元的捐款
四、尋找二十八筆二十五萬美元的捐款
五、尋找七十筆十萬美元的捐款
六、尋找一百筆七萬美元的捐款
七、尋找一百四十筆五萬美元的捐款
八、尋找二百八十筆二萬五千美元的捐款
九、尋找七百筆一萬美元的捐款
十、賣掉一萬扇窗，每扇七百美元

六十天後，舒樂博士用水晶大教堂奇特而美妙的模型打動富商約翰·可林，讓他捐出了第一筆一百萬美元。第六十五天，一位傾聽了舒樂博士演講的農民夫婦，捐出第一筆一千美元。

九十天時，一位被舒樂積極精神感動的陌生人，在生日的當天寄給舒樂博士一張一百萬美元的銀行本票。

八個月後，一名捐款者對舒樂博士說：「如果你用誠意與努力，能籌募到六百萬美元，剩下的一百萬美元由我來支付。」

第二年，舒樂博士以每扇五百美元的價格，請求美國人認購水晶琉璃大教堂的窗戶，付款的辦法爲每月五十美元，十個月分期付清。六個月內，一萬多扇窗戶全部售出。

一九八〇年九月，歷時十二年後，可以容納一萬多人的水晶大教堂終於竣工，成爲世界建築史上的奇蹟與經典，也成爲世界各地前往加州旅遊的人必去瞻仰的勝景。

水晶大教堂最終的造價爲二千萬美元，建造完成後全數付清，款項全部由舒樂博士一點一滴籌集而來的。

舒樂博士的決心與毅力確實令人佩服，十二年的光陰當中，他不計任何辛勞和代價，只求自己的夢想能夠成眞；這種積極的態度，最後終於扭轉了原先的困劣局勢。

英國柴斯特菲伯爵說：「任何值得做的事，就值得做好。」成功的目標或許只有一個，做事的方法卻可以有千百種，只要能夠達成目的，又何必拘限過程？

陶行知說過這樣一段話，値得我們深思：「像屋簷滴水一樣，一點一滴，滴穿階沿石。點滴的創造固不如整體的創造，但不要輕視點滴的創造而不為，呆望著大創造從天而降。」

事情的難易程度，其實都是我們主觀的認知，只要採取正確的方法，用樂觀的態度面對，每一個小目標的達成，都是爲最後成功奠下基礎。

追求進步，才能邁向更高層次

有達成目標的熱情和野心，如此就能無事不能成，因為你將會鞭策著自己，不斷地馳向頂峰，邁向成功。

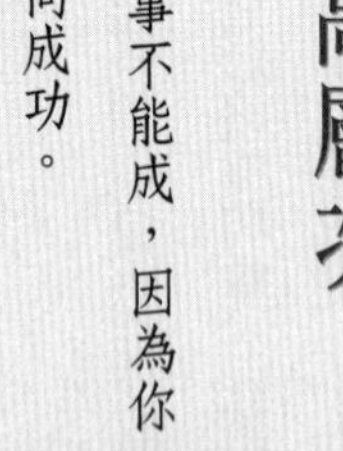

托爾斯泰說過一句名言：「人要不斷地追求。」

當我們一路過關斬將，逼近頂峰，這時我們將會發現我們很難再超越自己的記錄，彷彿生命遇上瓶頸，很難再有進步。

如果就此放棄攻頂或停頓下來，那麼我們不但不再前進，反而開始下滑。

可是，如果我們在失敗之後，重整旗鼓再試一次，或許就能夠跨越瓶頸，邁向另一個層次。

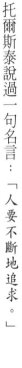

托爾斯泰也說過：「沒有謙遜，完美是不可能的。『如果我已夠好，又何必追求完美？』」

凡事都還有進步的空間，一旦停止追求，就停止進步。只要肯用心，只要肯積極，只要心裡還想達到更高的頂峰，沒有不能跨越的障礙。

一九六八年，在墨西哥奧運會的百米賽跑跑道上，美國選手吉．海因斯撞線後，轉過身子看運動場上的記分牌。當指示燈打出九．九五的字樣後，海因斯攤開雙手自言自語地說了一句話。

這幕情景後來通過電視網絡，至少有好幾億人看到，但由於當時他身邊沒有麥克風，海因斯到底說了些什麼話，誰都不知道。

到了一九八四年，洛杉磯奧運會前夕，一位名叫戴維．帕爾的記者在回顧奧運會的資料片時，再次注意到這件事。

由於那是歷史上第一次有人在百米賽跑中突破十秒大關，他心想，海因斯當時一定是替上帝傳達了一句不同凡響的話，於是他決定去採訪海因斯，問他當時到底說了什麼。

當他向海因斯提起十六年前的往事時，海因斯一頭霧水，直到戴維．帕爾拿出錄影帶爲證時，他才恍然大悟地笑著說：「難道你沒聽見嗎？我說，上帝啊！那扇門原來虛掩著。」

原來自從歐文斯創造了十．三秒的成績之後，醫學界便斷言，人類的肌肉纖維所承載的運動極限不會低於十秒。所以，當海因斯看到自己九．九五秒的紀錄之後，他驚呆了，原來十秒這個大門不是緊鎖著的，而是虛掩著，就像終點那根橫著的繩子，只要向前衝刺，終究可以穿越。

如果海因斯相信「永遠無法突破十秒」這句話，那麼當他的紀錄達到十秒，他就可能不再向前挑戰了，因爲他會認爲自己沒有辦法做到。

但是，他並沒有如此，他意圖挑戰極致，追求頂峰，所以加倍練習以期締造更好的成績。

每一屆的運動比賽，每一位選手追求的都是精益求精，好還要更好；每一盤棋局，每一位棋手追求的都是更高明的棋步。因爲有了目標，大家才有努力的方向；有了夢想，大家才能更加積極創造。

美國作家約翰．嘉德納在《人到中年何所學》一書中，如此建議我們：「假如你打算繼續學習，那麼崇高的目標和高度的熱情將最有助於你持之以恆，學有所成。」

目標是什麼並不重要，重要的是有達成目標的熱情和野心，如此就能無事不能成，因爲你將會鞭策著自己，不斷地馳向頂峰，邁向成功。

有些人認爲體力、年紀是人生的一大設限，認爲年紀大了，身體弱了就一事難成，只能茫然等著剩餘的歲月流逝。

但是，也有人認爲，人生無所不可學，永遠都有進步的空間，端看以什麼樣的態度去看待。

莎士比亞在《威尼斯商人》裡安排了這樣一段話：「世間的任何事物，追求時候的興致總要比享用時候的興致濃烈。」

如果是自己心之所向，那麼再多的努力也稱不上辛苦，再怎麼追求也不覺得完美。那一條路永遠沒有極限，永遠有更新的挑戰，誘使熱愛者更加積極地追求，同時享受追求的過程。

所以，選擇一條自己衷心喜歡的道路吧，選一條自己無論怎麼辛苦也甘之如飴的道路吧！

如此，我們就能打開那一道又一道虛掩的門，進入更高層次的境界。

設定目標，就不會有無謂的困擾

先為自己的夢分出一個個階段目標吧，然後再設定施力點，
每一次都全力以赴，相信一定能不斷享受到成功的喜悅。

有一句英國格言是這麼說的：「得好射手的美名，並非由於他的弓箭，而是由於他的目標。」

弓箭的好壞影響不了一位好射手，但目標設定得夠不夠好，則會牽動射手的命中率。設定好目標，小心仔細瞄準，然後全力將箭羽射出，如此便能準確地命中目標。

反之，設定了不適當的目標，即使擁有再好的弓箭設備，弓箭手的技術再高超，恐怕也難以成功。

做事又何嘗不是如此呢？目標過於空泛，即使環境再好，能力再強，恐怕也不見得能夠達到目的。

設定了一個好的目標，而後我們更應該設定一個好方法，幫助我們事半功倍。全神貫注是個好點子，全力集中於一點，猛力一擊，勢如破竹般的攻勢，通常難以招架。

可是，有一點得小心，那就是這一擊將會使盡我們的全力，如果一擊失敗，可能就會無力再試。所以，選定著力點非常重要。

有一個例子可作爲最好的說明。

在一次空手道表演賽中，黑帶高手以七段的實力，空手劈開十餘塊疊在一起的實心木板，贏得觀眾熱烈的喝彩聲。表演結束後，一個小男孩滿懷好奇地到後台拜訪這位高手，想請教他究竟是如何做到的。

黑帶高手將十餘塊木板疊了起來，親切地搭著男孩的肩頭，問他說：「如果你想劈開這疊木板，你的著力點會放在木板的哪裡？」

小男孩想了一下，指著最上頭那塊木板的中心，回答說：「這裡，我想一定要打在中心點。」

空手道高手笑道：「對，木板架高時的中心點，的確是最脆弱的部分。不過，如果你將著力點放在最上面這塊木板的中心，當你的掌緣擊中那一點，將遭受同等力道的反擊，這將令你的手掌反彈且疼痛不已。」

小男孩不解地問道：「那究竟該把注意力放在木板的哪個部分？」

空手道高手指著最下面那塊木板的下方：「這裡，把你所有的注意力及著力點，放在整疊木板最下方的某一點。當你的注意力只看到木板的下方時，由上而下砍劈的手掌，就能輕易地通過每一塊木板，而達到你心裡所想定的那一點。」說著，空手道高手右手一揚，又劈開了那疊木板。

空手道高手的這一席話，無疑是我們實現夢想、達成目標的最佳啓示。

選對施力點，可以讓我們的力量貫徹，更可以藉勢再下一城，確實可以收得事半功倍的效果。

當我們心中有夢的時候，圓夢是我們最大的目標，如果我們預設了一個過大的目標，實現的機會相對地渺小，所需付出的心血也相對的大增。

倘若失敗會對你造成困擾，會影響你再出發的心情，那麼，先為自己的夢分出一個個階段目標吧，然後再依每個小目標設定施力點，每一次都全力以赴，相信一定能不斷享受到成功的喜悅。

再遠大的夢想，也有可能達成，只要選對了施力點，然後動手去做，即刻開始實行，通往夢想的道路或許艱辛，但絕不可能毫無盡頭，所以只要我們意志夠堅定，我們一定到得了。

古羅馬哲學家塞涅卡：「如果一個人不知道他要駛向哪一座碼頭，那麼任何風向都不會是順風。」

現在就先為自己設定一個目標吧，知道自己要航向哪個碼頭，你就能找到那股幫助自己加速破浪前進的順風。

有沒有出息，先問問自己

先問問自己的心吧，如果問心無愧、無怨無悔，那麼你的一生就是有意義、有價值，實在不必去在意旁人的看法。

其實，仔細想想，古今多少風流人物，有哪些是眞的一路依著大衆期願的道路走呢？

別人認爲好的道路就眞的好嗎？

恐怕不盡然吧！詩仙李白不就曾在〈將進酒〉裡提醒我們說：「天生我材必有用，千金散盡還復來」？

李白就是一名堅持走自己道路的人，他當過官、做過遊俠，敢放聲高歌、縱酒狂歡，他的父母長輩想必也覺得他不夠長進，但是他卻能寫出縱橫千古的迴腸盪氣詩句，比起當時循著所謂功成名就大道的人更能流芳百世。

知名漫畫家蔡志忠說：「快樂是什麼？就像象形文字的『樂』字是一個人雙手舞著他最拿手的樂器！能做自己最拿手、最想做的事就是快樂。」

他又說：「每個人有每個人的快樂！每個人有每個人的人生意義！拿別人的快樂人生做範本去實踐，就是謀殺了自己。」

人的一生到底應該追求什麼？我們可以來看看以下這個有趣的例子。

有一個美國商人來到墨西哥海邊一個小漁村渡假，坐在碼頭上看著一個墨西哥漁夫划著一艘小船靠岸。

小船上有好幾尾大黃鰭鮪魚，這個美國商人對墨西哥漁夫能抓這麼高檔的魚恭維了一番，還問要多少時間才能抓這麼多。漁夫回答說：「簡單得很，輕輕鬆鬆就抓到了好幾條呢！」

美國人納悶他爲什麼不待久一點，好多抓一些魚？

墨西哥漁夫對他的問題頗不以爲然，認爲那些魚已經夠他一家人生活了，何必再抓？

美國人又問：「那麼你一天剩下那麼多時間都在幹什麼？」

墨西哥漁夫說：「我呀？我每天睡到自然醒，出海抓幾條魚，回來後跟孩子們玩一玩，再跟老婆睡個午覺，黃昏時晃到村子裡喝點小酒，跟哥兒們玩玩吉他，我的日子可過得充實又忙碌！」

美國人認爲他這樣太不積極了，便說：「我是美國哈佛大學企管碩士，我倒是可以幫你忙！你應該每天多花一些時間去抓魚，到時候你就有錢去買艘大一點的船。這樣一來，你自然就可以抓更多的魚，再買更多漁船，然後你就可以擁有一個漁船隊。」

美國商人像個經營大師似的，滔滔不絕地繼續說：「到時候，你就不必把魚賣給魚販，而是直接賣給加工廠。賺更多錢之後，你可以自己開家罐頭工廠，如此你就可以控制整個生產、加工處理和行銷。然後，你可以離開這個小漁村，搬到墨西哥城，然後再搬到洛杉磯，最後到紐約，在那裡經營不斷擴充的企業。」

墨西哥漁夫問：「這要花多少時間呢？」

美國人回答：「十五到二十年。」

「那然後呢？」

美國人大笑著說：「然後，你就可以在家當皇帝啦！時機一到，你就可以宣佈股票上市，把你的公司股份賣給投資大眾。到時候，你就發大財啦！你可以幾億幾億地賺到錢！」

「那然後呢？」

美國人說：「到那個時候，你就可以退休啦！你可以搬到海邊的小漁村去住。每天睡到自然醒，出海隨便抓幾條魚，跟孩子們玩一玩，再跟老婆睡個午覺，黃昏時，晃到村子裡喝點小酒，跟哥兒們玩玩吉他囉！」

墨西哥漁夫疑惑地說：「我現在不就是這樣了嗎？」

多可笑呢？人生來不過六尺之軀，死後所需的空間說穿了也就這麼六尺見方，何必強求那麼多自己根本用不到的呢？

存在銀行的錢再多，還不就只是些帳面上的數字罷了。

美國科學家富蘭克林就曾說：「財富並不屬於擁有它的人，只屬於享受它的人。我們的收入像鞋子一樣，太小了走不動，太大了走得吃力；只有保持平衡，才是真正懂得金錢價值的人。」

什麼樣的人生才叫做有出息呢？

恐怕要先問問自己的心吧，如果問心無愧、無怨無悔，那麼你的一生就是有意義、有價值，實在不必去在意旁人的看法。

想做大事，先做好小事

不論做什麼事，定要先打穩基礎，才能大功告成；從細小的事物著手，方能循序漸進地成就大事。

諾貝爾和平獎得主泰瑞莎修女曾經說：「不一定要做什麼偉大的事，用心做好小事。」

從古到今，由自己的本分做起的道理，始終不變。

工作沒有高低，每一項事業都應該從基層做起，凡事不要怕磨練，只要累積了足夠的經驗與實力，當機會來臨時，自然有發揮的空間。

日本有一句俗諺：「不要因為想幹大事就不做小事。」

不由基礎做起，只想成就大事業，那只不過是空談而已。

一塊璞玉未經琢磨，難以展現光芒；一顆寶鑽未經切割，與尋常石頭無異。

有個女孩，由於非常嚮往記者的工作，於是大學畢業之後便積極報考一家新聞機構，很幸運地被錄取了。

但是，自第一天上班起，她就失望了，因爲主管老是只派她爲同事泡茶等等雞毛蒜皮的小事，讓她相當不滿。

剛開始，因爲自己是個新人，多少要懂得敬老尊賢的道理，所以她倒也耐著性子泡茶。可是，隨著時間過去，她還是在泡茶。這令她相當難以忍受，心不甘情不願的情況下，她泡的茶味道如何便可想而知了。

一天早上，她將泡好的茶端給經理，沒想到經理才喝了一口，就破口大罵：「妳這茶到底是怎麼泡的？簡直難以入口，虧妳還是大學畢業生，竟然連泡茶都不會！」

她一聽，被刺到傷心處，覺得又委屈又憤怒，惱著一張臉回到自己的座位上，正準備寫辭呈之時，有訪客來了，她又被喝令去泡茶。

她氣呼呼地走進茶水間，打算隨便沖一杯端出去，但是轉念一想，反正是最後一壺茶了，就好好泡一壺吧！

於是，她收起所有的不滿和怨懟，只專注在泡茶的動作上，注意水溫、留心時間，然後將細心泡出的茶湯倒入杯中，送到訪客面前。

正當她準備退出會客室的時候，突然聽到背後的客人讚美說：「哇！這茶泡得真好喝！」

她楞了一下，轉身微笑謝謝客人的讚美，而後回到自己的座位上，心裡還覺得輕飄飄的。

經理送走客人後，來到她桌邊說：「妳總算泡出一壺像樣的茶了。」

她猛然發覺，原來只是一壺小小的茶，卻能有這麼大的不同，同樣的步驟，可以被人痛批，也能被人稱讚。一個轉念間，可以泡出評價完全不同的茶，用心與不用心之間的差別，不可以小視。

她檢討了自己過去這一段時間來的作爲，確實只有抱怨主管不肯重用她，卻不曾把自己被任命的工作好好完成。

想到最後，辭呈也不寫了，她決定要全心投入目前的工作，好好做出一番成績，讓主管對她刮目相看。

不論做什麼事，定要先打穩基礎，才能大功告成；從細小的事物著手，方能循序漸進地成就大事。

英國作家西蒙．巴特勒做了一個很有趣的比喻，他說：「應該先做小事，而不是先做大事，就好像應該先償還小額債務，再償還巨額債務，或者應該先考慮仁慈再考慮真理一樣。」

再難的事，由眼前做得到的部分開始，總是能慢慢地征服。

故事中的女孩，原本看不起泡茶的工作，只是好高鶩遠，卻不知道自己在別人眼中，卻是一副連小事都沒耐心的樣子，行事態度毛躁卻又做不好，教人如何能夠賦予重任？

英國小說家兼抒情詩人伍德豪斯說：「在現有的基礎上，精益求精。」能夠抱持著謙遜學習的態度，一步一步慢慢往前踏進，自然能夠穩當地完成每個階段的目標；就好像琢磨寶石，必須經過一次又一次的切割，才能雕塑出一個又一個比例完美的切面，反映出璀燦的光華。

PART 2

實踐夢想
需要冒險的膽量

別人可以做到的，如果我們真的想要，
也同樣做得到，只要我們真的覺悟，
全心投入，便可能推開成功的大門。

確認需要，才能確認目標

設定人生目標就像做人一樣，失去了準頭，就應該反過來看看自己是否站對了腳步，在反求諸己的同時確立目標。

俄國文學家托爾斯泰在創作《安娜．卡列尼娜》時說過：「只要堅定不移地向著目標前進，就一定會達到目的。」

英國文豪狄更斯也在作品中說：「直接去追求一個明確的目標，絕不會誤入歧途的。」

兩位文豪的話，在在說明了人應該生活有目標，有了目標，我們的所作所爲才有其意義。

或許有人會駁斥這種說法，畢竟目標是一個形而上的說法，只是一個想法，既不能塡飽肚子，又不能溫暖身體。

我以爲，人沒有目標當然也是可以活下去，只是活得快樂不快樂罷了。我們每天醒來，爲什麼而吃？爲什麼而喝？爲了什麼要讓自己活下去？每天閉眼又爲什麼而睡？爲了什麼要讓自己休息？如果我們不能試圖尋找出那個想法，那實在不需要費那個勁去維持生命的存在。

有了目標，爲了達成目標而努力，那段追求的過程，將爲我們帶來各種五味雜陳的感受，而那些感受，也爲我們的人生增添了趣味。

如果我們對自己的行爲有所期待，那麼這個目標就得謹愼選擇了，先來聽聽這個故事。

有位不食人間煙火的哲學博士在田野中漫步沉思，突然發現一畦水田當中新插的秧苗，竟排列得如此整齊，猶用尺丈量過一般，不禁好奇地問田中工作的老農是如何辦到的。

老農忙著插秧，頭也不抬地回答，要他自己取一把秧苗插插看。博士捲起褲管，很快地插完一排秧苗，結果竟是參差不齊，不忍卒睹。

他再次請教老農，如何能插一排筆直的秧苗。老農告訴他，在彎腰插秧的同時，眼光一定要盯住一樣東西，只要朝著那個目標前進，即可插出一列整齊漂亮的秧苗。

博士依照農夫所言而行，不料這次插好的秧苗，竟然變成了一道彎曲的弧形，劃過半邊的水田。

於是，他又虛心地請教老農，老農不耐煩地反問他：「您眼裡盯著的，到底是什麼東西？」

博士答道：「我盯住那邊吃草的那頭水牛，那不是一個大目標嗎？」

老農對他說：「水牛邊走邊吃草，而你插的秧苗也跟著移動，你想，這道弧形是怎麼來的？」

博士終於恍然大悟。

不管做什麼事，我們都要堅定地朝目標而去，如果我們要的是追到目標，那麼路程彎曲又有何妨？倘若我們想留的是筆直路徑，那就不該隨著眼前的景物而移動。

總之，固定的標靶有其固定的用處，移動標的有其移動的用途，在選定目標之前，我們就應該確定自己到底要做什麼，否則豈不是如同無的放矢？

當你想將秧苗插得又直又整齊，那麼你一定要如老農所說，選定一個不會移動的目標，這是個簡單明白的道理。相同的，當我們想直線前進時，我們不只得將目光放遠，更要慎選目標。

英國作家查理德斐爾曾經說過一番話：「目標的堅定，是性格中最必要的力量泉源之一，也是成功的利器之一。沒有它，天才也會在矛盾無定的迷徑中，徒勞無功。」

設定人生目標就像做人一樣，失去了準頭，就應該反過來看看自己是否站對了腳步，在反求諸己的同時確立目標。

那麼要如何選定目標呢？

曾聽過有人這麼說：「以前我曉得目的地何在，卻不知怎麼走。現在我曉得怎麼走，卻不知自己前往何處。」

乍聽之下好像很迷惑，但是，仔細一想，如果我們已經決定要如何去做，又何必在乎得到什麼樣的成果？

唯一需重視的，是這一步走完該怎麼走下一步，一步接著一步，目的地終究會出現的。

托爾斯泰給過這樣一個建議：「人應該善加運用聖賢留下的精神遺產，但必須以自己的理智試驗一切，接受若干東西，丟棄其餘。」

所以，當你目標茫然的時候，不妨借鏡前人，試著自己努力看看，說不定就能找出心之所向了。

在自己喜愛的領域專心鑽研

全心投入，全力付出，無所不用其極地要窮盡某個領域的一切事物，出色的專家就是這麼來的。

通常，我們都會有這樣的感覺，爲了自己心裡所喜愛的，縱使爲此而死，也絕不後悔；爲了自己熱愛的事物，赴湯蹈火也在所不惜！

說眞的，能有這樣的認知，才能讓人拋棄一些雜訊，只專心致力地從事一件工作。全神貫注所產生的威力，不容小覷。

試想，一位武藝過人的高手，遇著了空有一身蠻力的莽夫，誰勝誰負？大家一定是猜高手吧！但如果莽夫不顧生死，拼盡全力將高手束手箍住，高手又如何掙脫？結局如何恐怕還不得而知吧！

可怕之處就在「纏」字上，怎麼說呢？只要有了糾纏到死的決心，再困難的事也有攻破的一天。

科學家研究證實，當一個人做事專心致志，腦電波就穩定而有節律，處於良好的狀態，思考的效率就大爲提高。

許多人之所以能夠在自己專精的領域之中取得那麼高的成就，依靠的就是專心致志的想法，也就是「纏」的功夫。

法國昆蟲學家法布爾爲了了解螞蟻的生活習慣，曾連續四小時趴在潮濕、骯髒的地面上，用放大鏡觀察螞蟻搬運蒼蠅的活動。當時，周圍有許多人圍觀、議論，但他毫不理會。

物理學家安培正在大街上散步，突然想起了一道難題。他全神貫注地思考這個問題，竟然把一輛馬車的車廂當成家裡的黑板，掏出粉筆演算起來。馬車走動以後，安培仍然追著車廂演算，引得滿街人哄堂大笑，他自己卻渾然不知。

這些科學家們研究問題已經到了癡迷的程度。正因爲癡迷，他們才光榮地邁進了科學的殿堂。

牛頓是英國偉大的科學家，他的科學理論在科學史上具有重要的地位和深遠影響。專心致志是牛頓成功的一個重要原因，他在學習、工作或思考問題時，注意力特別集中，常常由於專心致志思考問題而忘了周圍的一切。

一次，一個朋友來和牛頓一起用餐，飯菜已擺在桌上，牛頓還沒從工作室出來，這位朋友等了好久，只好獨自吃起來。吃完後，他和牛頓開了個玩笑，把雞骨頭放在盤子裡，蓋上蓋子。

幾小時後，牛頓才從工作室出來。他走到桌旁，打開蓋子，當看到盤子裡的雞骨頭時，不禁自言自語地說：「我還以爲自己沒吃呢，原來早已吃過了。」於是又回到工作室繼續工作。

又有一次，牛頓牽著馬上山，走著走著，突然想起了一個問題，便集中注意力思考起來，不知不覺地鬆開牽馬的韁繩。馬跑了，他一點也沒發覺。他一邊走著，一邊思考著，一直走到山頂，前面再也無路可走，才從沉思中驚醒過來，這時馬早已不知去向。

由於專心致志地學習和工作，使牛頓在物理學、天體力學、數學等領域獲得了一系列重大成果，他發現了萬有引力定律，創立了微積分……使科學進入了牛頓時代。

當然，專心致志的法寶不是從天上掉下來的，必須從小培養。

居禮夫人童年時專心讀書，幾個同學跟她開玩笑，在她周圍用椅子堆起塔來，椅塔足足超過她的頭頂，但只專心於讀書的居禮夫人居然沒發覺。

而高士奇小時候在樓閣讀書，後來，突然雷聲大作下起暴風雨，他的姐姐被嚇得躲在祖母懷裡，而樓上仍傳來琅琅的讀書聲，震耳的雷聲一點也沒能驚動專心學習的高士奇。

從上面這些例子，我們可以知道，正是專心致志這個法寶，幫助這些傑出人物們打下了堅實的知識基礎，練就了聰明的腦子與堅忍的耐性，終於取得了輝煌的成就。

莎士比亞認爲「做自己喜歡的工作，就沒有工作的勞苦」，在自己癡迷的領域裡，時間和空間都將不成問題，那種由然而生的心流快感，會把我們身上的疲困帶走。

全心投入，全力付出，無所不用其極地要窮盡某個領域的一切事物，出色的專家就是這麼來的。

俄國詩人普希金曾經這麼說：「我不怕艱難，將走自己的路，讓人人行事憑自己的意願。」

每個人都可以決定自己的未來，只要能有那份專注的毅力。

用冒險的心挑戰未知

如果自己不曾堅定心意，勇於追求，勢必無法得到冀望的結果。說不定你全力以赴的結果，有可能可以改變命運。

英國作家維吉尼亞．吳爾芙說：「若我們不冒險犯難，雖然不會為挫折消沉沮喪，卻已經凋萎老去。」

中庸的道路，或許是安全的，卻也可能是無趣的。害怕失敗與挫折，也很難激起生命的火花。有冒險之心的人，生活當然會過得比較精彩。

冒險，也意味著未知與嘗試，難以預見結果。

面對未知，或許會讓人恐懼，但因恐懼而退縮，我們將永遠不知等在我們前方的可能是什麼。

我們生活在一個群體的社會，這意味著我們的人生將會受到周遭人們的影響，不論是好或是不好。

有許多靈光乍現的想法，訴諸他人的時候，有時會因此大放光芒，有時候則會因此消去光影。當你認爲的絕妙主意被人視爲「瘋狂無稽之談」的時候，你會怎麼做？

有些人或許會回過頭來修正自己的想法與腳步，好讓自己的作爲可以符合所謂的「正常」；可是，有一個人卻不作如此想。

他在十六歲的時候就自行拍攝了一部科幻電影。而後，他遇上了幾位瘋子，一起做了許多旁人看來「瘋狂至極」的事。

第一個瘋子是一位光學公司的老闆，願意無條件拿出一萬美元的現金提供他拍片。

第二個瘋子是一名攝影師，儘管前途茫茫，他們依然每天共同討論電影的每個細節，因爲他們相信自己一定會成功。

第三個瘋子是一家電視公司的總裁，不只讓他成爲公司的員工，而且什麼都不用做，儘管去想他那些「瘋狂點子」。

第四個瘋子是他的秘書，爲他影印了一篇《花花公子》雜誌上的科幻小說，成就了他第一部電影的劇本。

而他，則集所有瘋狂之大成，拍了一部名爲《大白鯊》的電影，風靡了全球影迷的心。

他的工作人員常常說：「他隨時都會要求你去做一些不可能的事……」

他就是史蒂芬．史匹柏。

他不曾放棄自己的「瘋狂點子」，而是拼一己所能，集眾人之力，讓它成眞。

法國作家安德烈．紀德曾經這麼說：「若不先離開海岸，是永遠不可能發現新大陸的。」

置之死地而後生，預先設想過了最壞的結果，那又有什麼好損失的呢？

我們可以庸碌度過一生，也可以極其瘋狂地揮彩人生的色彩，當我們勇敢地踏出去，勇於承擔所將到來的一切後果，或許，我們也將在其中嚐到成功的甜美果實。

莎士比亞曾經提醒我們：「不要聽信那些向你說『成敗在天，不可強求』之類的胡說八道。」

如果自己不曾堅定心意，勇於追求，勢必無法得到冀望的結果。但是，曾經努力，即使最後失敗了，至少我們曾經嘗試過。

威廉．麥克菲說得豪邁：「如果你的命運註定要失敗，那麼無論如何，好好打一仗吧！」

說不定你全力以赴的結果，有可能可以改變命運。堅持自己的想法，或許癡，或許傻，或許狂，但在人生的旅途盡頭，回望前塵，心中必定了無遺憾，至少應該不會爲那些輕易錯放的未知，感到哀傷與惋惜。

實踐夢想需要冒險的膽量

別人可以做到的，如果我們真的想要，也同樣做得到，只要我們真的覺悟，全心投入，便可能推開成功的大門。

人生有夢，築夢踏實。能夠把自己心中的夢想一一打造成真，進而演化成一生的事業，是相當令人欣羨的。

事業並不等於職業，職業只是維持生計的飯碗，但事業則是代表著個人的全力發揮，結合了興趣、創造力、執行力，所獲得的成就感也是一般職業心態所無法比擬的。

遇到瓶頸的時候，湯瑪士·艾德森這麼說：「事情總會有更好的解決方法，把它找出來吧。」

船到橋頭自然直，把所有的利弊得失想個透徹，選定方法後就大膽去執行吧！沒有不能做的事，只是不做而已。

想要成功，我們就得要先有勇於冒險嘗試的膽量，更要有積極實行的決心，還要有靜候成果的耐心。

金．吉列原本只是一名推銷員，由於職業的關係，使得他特別需要注重儀表修飾。一八九五年的一天早上，年滿四十歲的吉列，趕著在上班之前修鬍子，由於刀子沒磨好，刮起來不僅費勁，更因爲一時失手一連劃傷了好幾道傷口，他沮喪得將刀子丟下。

看著那把不稱手的刀，他的心裡有了關於新刮鬍刀的靈感。

想著想著，越覺得可行，連工作的時候都在想著這件事，最後他乾脆辭去原本推銷員的職務，專心探研新型刮鬍刀。

在他的想法中，新型的刮鬍刀必須要安全保險，使用起來方便，最好刀片可以隨時替換，省去常常磨刀的麻煩。

他一次又一次嘗試就傳統長把剃刀進行改良，但總覺得受限在某個形式中，難以突破效能，改善的結果相當有限，總令他不能滿意。

眼看著幾年過去了，新發明還是沒有著落，雖然看不清前方的道路，但是他從不曾灰心放棄。一天，當他在林野間散步，看見一個農民正在用耙子整地，輕輕鬆鬆地揮動耙子，很快地就將地整好了。這個畫面令吉列靈光一閃，一個有別於傳統剃刀應有模樣的想法漸漸在他腦中成形。

這把新刮鬍刀的構造，如果可以像耙子一樣，簡單、方便而且運用自如就好了。於是，他立刻開始著手將自己的新想法具體實現出來。歷經了八年的時間，吉列終於成爲刮鬍刀的代名詞，至今手動刮鬍刀的世界市場中，仍有超過百分之六十的佔有率。

推銷員的工作對於吉列來說，只是職業，但他卻在研發刮鬍刀的這條道路上，成功地尋找到自己事業的方向。

能夠做出這樣的抉擇並不容易，因爲當生活有迫切的危機之時，如何能平心靜氣地捨棄平穩的職業，而全心投入不知可行與否的夢想呢？

但是，有一個事實是不容置疑的，如果從未嘗試，永遠無法得知結果。假使心裡的想望已經強烈到干擾了原本的生活作息，繼續折磨下去也只是平添更多痛苦而已，還不如放手一搏，說不定有了破釜沉舟的決心，眞的能讓我們闖出一片藍天。

英國作家維吉尼亞．吳爾芙說得好：「任何人只要能說出下面這句話，就足以無比自豪：『我決心要做的每件事，都是我覺得重要而且想要去完成的。』」

有了決心加上毅力，生命就充滿了無限的可能。

請相信，別人可以做到的，如果我們眞的想要，也同樣做得到，只要我們眞的覺悟，全心投入，便可能推開成功的大門。

話說得婉轉，局勢就會逆轉

只是改變了說話的方式，就讓店裡的生意財源滾滾。這不是神話，而是一種心理戰術。

有位拍廣告的知名導演說，不論哪一位幫哪一位明星拍廣告，不論那個明星眞美或假美，拍片當天，工作人員一定會稱讚說：「哇！你今天好美！」這句話或許只是一句奉承，不見得是眞心話，但確實可以讓對方在當天的工作上有加分的表現。

說話是一門藝術，人人喜歡聽好話，一句話說得好，說得漂亮，說得婉轉，有時候就能夠將局勢整個逆轉。

在美國內華達州曾經舉行過一次「最佳中小企業經營者」的選拔賽，要選出企業成長率最高的中小企業經營者。

比賽結果，最後由一位身材可觀的胖女士南茜奪得桂冠。

南茜是一家女服裝店的老闆，她的服裝店在開業之初只投入了五千美元的資本，但是十年之後，該店每年的盈利，竟足足跨越百萬美元大關。

大體上看來，南茜的店面和其他服裝店相比，並無多大不同。唯一不同之處就在於其他的店鋪都將服裝區分爲小（S）、中（M）、大（L）和加大（XL）等四種尺碼，但南茜卻分別將之命名爲瑪麗、林思、伊麗莎白和格瑞絲，以四位女強人之名來區別不同的尺碼。

如此一來，南茜的店員就不會對顧客說出：「這件XL的長褲您穿起來剛剛好。」而是說：「您穿起格瑞絲正合身呢！」

再加上站在大號和特大號服裝區的店員，個個都身材壯碩，無形中也減低了顧客的排斥感，更增加了購買慾。

南茜說：「我注意到許多購買大號或加大尺碼的女性，臉上多多少少都會露出不太愉快的表情，好像她們儘管心裡不太情願，卻不得不買。可是，把尺碼改了個稱號，情況就整個改觀了，更何況，那幾位可都是名聲響亮的大人物呢！」

南茜店裡的店員，只是改變了說話的方式，就讓店裡的生意財源滾滾。這不是神話，而是一種心理戰術。

一般人都會在乎自己的身材外型是否符合社會期待，但是，由於社會的普遍價值觀偏頗，好像胖就等於臃腫、等於醜、等於不聰明，所以，不論男男女女都厭惡自己被人視爲大胖子，特別是女人。

有句俗話說：要賺女人的錢，就從減肥、美容下手。

既然社會價値觀，一時間無法改變，肥胖的身材一時間也同樣無法改變，那麼買衣服就是胖女人最爲痛苦的時刻了。

想買小一號的，就算硬塞了進去，也是痛苦得喘不過氣；買了大號的，就好像昭告天下自己是個不折不扣的大胖子似的，當然高興不起來。

如果進入商店，入目所及又全是些婀娜多姿的美麗女店員，那豈不是自取其辱？怎麼樣也無法釋懷，當然怎麼樣也找不到一件合意的衣服，店家的生意自然沒著落。

南茜自己就是一個身材可觀的人，當然深深明白這樣的心情與想法。所以，店員避重就輕地以女強人稱號來表示尺碼，無形中好像是在稱讚顧客，聽起來自然是順耳許多。

而且，顧客看到同樣是胖子的店員，卻能以適當的穿著打扮，修飾出極佳的效果，當然也會讓人心生不少信心。

只要設法讓顧客心情好，他們想買禮物犒賞自己的可能性就會增加，成交的機率便大爲提高。

商機，有時候就藏在一個小小的步驟裡，就看我們夠不夠細心去發掘。能夠以同理心關照顧客的想法，就比較能夠找出商機所在。

想要從別人的口袋裡挖出錢來，不動點腦筋是不行的。

就像莎士比亞說的：「假裝得好，也需要智慧。」

並不需要惡意去欺騙別人、討好別人，但是多說點好話，潤滑彼此之間的關係，減少口語上的摩擦產生，會是明智的做法。

給別人方便，就是圖自己方便；工作場合之中，每個人的心情都好，做起事來順暢，自然能事半功倍。

要說服別人，先展現強烈信心

以積極的行動，來展現強烈企圖心；對自己有信心，也要讓別人有信心，相信自己做得好，更要做得讓人相信。

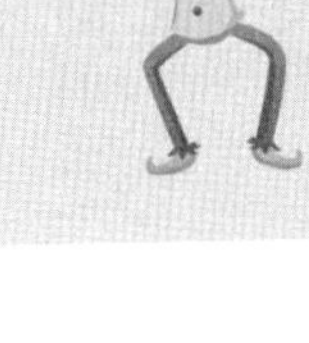

很多時候，我們需要去說服別人，讓別人認同我們的想法。雖然說是「說服」，但卻不能只靠一張嘴說說就算了。

拿破崙．希爾說過：「檢視成功者的生活，你將會發現，他們付出了與成就相對等的代價。」

每個人都想要成功，但在激烈的競爭之下，就是有人能出線而有人始終懷才不遇，原因何在，相信大家都清楚明白。

以下這個例子就告訴我們，想要說服他人，就必須花費氣力找齊足夠強而有力的論證，才能得到別人的信任。

據說，美國肯德基炸雞店決定進軍中國大陸市場之前，曾經先後派遣兩位執行董事到北京進行考察。

其中一位一下飛機，就來到北京街頭，當他在鬧區看到了川流不息的人潮，認爲此處商機無限，於是沒多做停留，立刻就回國報告若積極經營，中國大陸市場大有潛力。

但是，他的意見卻受到許多人的抨擊，認爲他的說法沒有論據，若盲目投資，說不定會爲公司帶來極大的損害。就這樣，他的職位未升反降，原本大好前途，蒙上了陰影。

而另一位董事卻在北京足足待了三個星期，當他回到美國時，身邊還帶了一大疊業務報告。

其中，有他在北京主要街道上測量得出的人潮流量報告，有針對一千多位不同年齡、職業的行人對炸雞味道、價格等等的問卷調查，也有北京雞隻主要來源及各種原料進出口等等的情況觀察報告。此外，他還深入查探了北京餐館的分佈狀況，然後將各種調查所得數據，一一以電腦匯總，進行分析，更附帶一份完整的營運企劃。

在董事會議上，這些資料全部成了他的論點輔助利器，成功地說服在場董事相信，肯德基炸雞入主北京，必得極大商機。

在他的積極運作之下，北京第一家肯德基炸雞店，開幕不到三百天，盈利即高達兩百五十萬美元，原本計劃要五年才能回收的投資成本，不到一年餘就全部打平了。

兩位董事都有相同的敏銳度去覺察商機，但是，機會來到眼前的時候，要怎麼做才能尋得足夠的助力，讓自己大展長才，確實是需要深思的。

第一位雖然知道事情可行，但是他心裡卻沒有做法和藍圖，至少，他沒有辦法只畫一塊餅就讓別人認同，拿出大把鈔票來投資。

至於第二位，則實地去搜集所有資訊，進一步分析整理，條條有理地展現出種種可行之道。不只讓人佩服他的魄力與積極的行動力，也讓人信賴他真的能把事情做好。

這樣的對比說明了，同樣一件事可以敷衍了事，也可以妥善執行，但結果將大大不同。

美國作家皮契爾曾經說：「天才需要勤勞，正如勤勞需要天才一樣。」沒有實際的做法，天才的想法只是空中樓閣；只有發現機會的能力是不夠的，還要加上能把握機會的實力才行。

做事積極，當然能鶴立雞群，容易受人注目，也容易奪取機會。但想要主動出擊，可不是隨口說說就行，平時就得累積足夠實力，懂得舉一反三，不怕多做多錯，只怕不做，事情就此停滯不前。

遇到問題先在心裡預先演練，想齊了所有的可能性，做最壞的打算，求最好的結果，然後以積極的行動，來展現強烈企圖心。對自己有信心，也要讓別人有信心，相信自己做得好，更要做得讓人相信。

拿出實效的憑證，才能成功地說服。成功是需要經營的，行動是計劃中的一部分，而不是等決定要行動了再來計劃；等機會出現了再來想方法，已經失了先機。

當機會來臨之時，我們若能預設機會已在手中，以實際的行動去做足準備，那麼就如同在腳下添了幾塊穩當的墊腳石，當機會剛剛掠過頭頂的時候，一伸手就能牢牢地抓住。

「不可能」只是懶人的藉口

每一項偉大的成就，剛開始都不過只是一個構想，唯有配合現實環境不斷積極行動，最後才可能變成真實。

一件看似困難的事，按部就班地去做，一步一步向前推進，執行起來說不定沒有想像中的困難，而且還可能越來越順利，最後輕鬆收成。

難，是一種心理狀態下的想法，當我們認為一件事情的可行性與成功率都很低的時候，我們會視之為難事。

當我們心裡認為那件事難上了天，幾乎不可能完成，這時我們行動的腳步也就跟著慢了下來，甚至一動也不動，一步也前進不了。

如果，每個人都存著這樣的心態處事，那麼我們的社會也就沒有什麼進步空間可言了，因爲什麼事都難得不得了，什麼都做不到。

幸好，有許多人物從不把這個「難」字放在眼裡，也因爲如此，一件件「不可能」的任務達成了，一項項「不可能」的發明突破了，人類的社會也得以一步步地從無知走向未知。而那些偉大的人物，也在人類的歷史上，留下一筆筆輝煌的紀錄。

亨利．福特是個開創新時代的人物，福特汽車在人類歷史上算得上是一塊顯眼的里程碑。他的成功可能來自他的運氣，也可能來自於他的天資，但最重要的關鍵因素，是來自於他個人的信念。他相信，只要是對人類有價值的事，無論多困難，都要把它完成。

曾經他想要改良汽車引擎，希望製造出一種具有八個汽缸的引擎。這在當時的技術上來說幾乎是不可能的，所以當他對工程設計人員下達這樣的命令時，每個人都認為那是一個「不可能的任務」。

但是，亨利．福特對自己的信念相當堅持，他知道以人類對速度的追求，當時的引擎能力絕對不足所需，所以堅持要工程人員繼續積極研發，不計時間，不計代價。

有些人不堪受壓，掛冠求去，但也有人決定跟隨亨利的信念，挑戰極限。

六個月之後，仍沒有任何成效，隨著時間拖得越長，這項工作的可能性感覺上就更加渺茫。但是，亨利．福特並不氣餒，繼續勉勵員工共同努力。

「繼續工作，」福特說：「我需要它，我決心得到它。」

終於，在福特公司上下一心努力下，一具結合八個汽缸的引擎終於研發出來。他們將之命名為「福特V-8式發動機」。這項技術的研發，使得福特公司得以將所有的競爭者遠遠拋在後頭，成為當時汽車工業的龍頭老大。

格塞爾在《羅丹的話》中提到：「什麼是天才，根本沒有這回事，只有努力和方法而已，以及不斷的計劃等等。」

詩人米爾恩則說：「在你通往成功之路時，你會發現以前的失敗，只不過是一些必要的繞路。」

每一項偉大的成就，剛開始都不過只是一個構想，唯有配合現實環境不斷積極行動，最後才可能變成眞實。一件看起來困難的事，是因爲它的可能性極低，卻不代表其可能性爲零。

如果眼前的這個巨石，是我們非跨越不可的障礙，那麼只要有心持續去做，積極地尋求各種解決的方法，不論需要付出多少代價，我們終究是能跨越的。我們可以爬過去，繞過去，可以用火藥炸開，可以想辦法拖移……辦法是人想出來的，總有一種方法有效，今天一試不成，明天再試，說不定就能成功了。

泰戈爾曾經說：「眞正的終點不在於到達極限，而在於無限的完成。」所謂的「不可能」只是懶人的藉口；能夠不斷找尋方法，積極嘗試，努力付諸行動，便能一步一步跨越眼前的每一個障礙。天下或許有難事，但只要是有心人，卻絕對沒有不成的事。

每個過路人都是貴人

人心如面，各不相同，所以和善平等地對待每一個人，不要等到貴人去敲別人的門，再來懊悔自己把福神推出門。

有很多例子告訴過我們以貌取人的危險性：外表光鮮亮麗的傢伙，可能只是個草包；看起來忠厚老實的人，可能只是個騙子；衣冠楚楚，出入名車代步，說不定只是打腫臉充胖子；上流社會也有下流人物……然而，我們卻仍不免常常被眼睛矇騙。

我們運用觀察細節來判斷事實的行爲並沒有錯，錯在我們不該讓心狹隘到只看標籤不認人。如果不論面對的誰，我們都能以同樣的態度對待，保持自我的一致性，得與失就不致於影響我們的心情太重。

有一個下雨天午後，一個看起來普普通通的老太太走進匹茲堡的一家百貨公司，到處走走停停，摸摸看看，沒有特別對什麼貨品感到興趣的樣子。店裡的售貨員一眼就看出她並沒有打算買東西，也就沒什麼意願靠近她，省得浪費唇舌，個個都自顧自地做自己的事。

有個年輕的售貨員走上前去，主動向老太太打招呼，詢問是否有需要服務之處。老太太倒也坦然，說明自己只是進來躲雨，並不打算買東西。

只見年輕售貨員並沒有露出嫌惡的臉色，反倒說現在店內人少，與其漫無目的亂逛，倒不如到自己販售的家具區歇歇腳。

兩人相談甚歡，當驟雨停歇，老太太準備離去的時候，年輕人更送她到街上，爲她攔車。老太太要了一張年輕人的名片後，便逕自離去了。

不久，有一天這名年輕人突然被主管叫進辦公室，被指派一個特殊的工作，到蘇格蘭去爲一棟豪宅進行裝潢和家具選購。

年輕人感到很意外，不知道爲什麼自己能脫穎而出，得到這個難得的工作。

這時，主管拿出一封信，表示顧客指定要由他負責這個傭金驚人的工作。那封信便是那位老太太寫來的，而她剛好是名人卡內基的母親。

有些女性朋友最討厭專櫃小姐，認爲她們總是以貌取人，打扮得光鮮的就極其巴結，看起來普通平凡的就視而不見，愛理不理，狗眼看人低的態勢，讓人覺得花錢還得找氣受。

殊不知，外表打扮並不等同於購買力，購買力也不等同於購買意願；有錢的人雖然買得起並不一定會買，但沒錢的人既然來了就有買的決心。

雖然這些女性朋友對專櫃小姐的態度大肆撻伐，可是自己去逛百貨公司的時候，還是會記得把自己打扮得有「身份地位」一點。想想眞是好笑，一場爾虞我詐，看看最後到底誰會被誰騙了。但是，誰得到了什麼，誰又失去了什麼？

莎士比亞說：「傻子是自以為聰明的人，聰明的人才知道自己的傻。」

相信那名年輕人的同事知道了事情的眞相，一定感到非常扼腕，爲什麼那個時候獻殷勤的人不是自己？否則，現在飛上枝頭的就不會是別人了！可是，事已至此，後悔也來不及了，只能怪自己爲什麼要以貌取人，還將人分出等級給予不同待遇，既然看走了眼，當然只好眼巴巴地看人高升。

以《先知》一書聞名的黎巴嫩詩人紀伯倫說：「一個人的實質，不在於他向你顯露的那一面，在於他尚未向你顯露的那面。因此，如果你想了解他，不要去聽他說出的話，而要去聽他那沒有說出的話。」

人心如面，各不相同，沒有人能猜得到對方心裡打著的是什麼主意，正如同對方也猜不透我們。

我們永遠不知道眼前的這個過路人，會不會是我們的貴人，所以和善平等地對待每一個人，未來某日我們種下的善因必能得到善果，或許眼前的過路人便會以貴人的姿態出現。

不要等到貴人去敲別人的門，再來懊悔自己把福神推出門。

難捨能捨，才會獲得更多

我們可以善用慾望的力量，而不成為慾望的奴隸，將那對慾望的需求轉化為生命的動力。

詩人席勒曾經寫道：「所謂人生就是一場夢幻，唯有適時改變心境的人，才能做出各式各樣的美夢。」

人生的道路就像一條大河，唯有用急流本身的衝擊力改變水流的方向，才能在從前沒有水流的地方，沖刷出讓你意料不到的嶄新河道。

慾望就是一股改變人生航路的強大力量，但是，慾望必須適度，並且運用得當，否則它就會把我們牽引至錯誤的方向。

有位得道禪師，自從領悟禪理以來，已能放下對其他事物的貪愛和眷戀，唯獨對一個用來吃飯的玉缽愛不釋手，難以割捨。每次禪修入定之前，他一定要把玉缽收好，方能安心。

有一回，閻羅王算到他陽壽已盡，應該償清業報，於是便派遣幾個鬼差來抓拿禪師。

禪師預知時辰已到，便進入禪定的境界。這些鬼差無法抓到禪師交差，心中焦慮，便央求土地公幫助。

土地公想想，便道：「這位禪師素來最愛他的玉缽，如果你們能想辦法拿到玉缽，他心裡掛念，就自然出走了。」

鬼差們聽完，便依計行事，找到禪師的玉缽，拼命敲打。

禪師聽到他的玉缽被敲打的聲音，心裡一急，趕忙出定來搶救。鬼差一見他出定，便拍手笑道：「好啦，請你跟我們一塊去見閻羅王吧！」

禪師一驚，當下便知他一時的貪愛，幾乎毀了自己千古修來的慧命，便即刻打破玉缽，再次入定。

這個故事讓我們知道，對某些事物過度貪戀，極有可能讓我們落入險境而不自知。怎麼說呢？

只要別人掌握了這個把柄，以此爲要脅，我們就會投鼠忌器，進而動彈不得。換言之，除非我們能將對貪戀事物的感受淡化近無，否則我們就會因此而受到影響。

有句俗話說得好：「騎你的馬，別讓馬來騎你。」

我們可以善用慾望的力量，而不成爲慾望的奴隸，「水能載舟，亦能覆舟」，將那對慾望的需求轉化爲生命的動力，與他人合作，互取有無，互補長短，我們便能得到共同的成功與共同的進步。

PART 3

依賴慣性，只會讓你掉入陷阱

我們常常因為慣性的處事態度，
而被束縛了前進的腳步，
面對生活上的難題時，
便容易鑽入牛角尖裡。

就算妥協，也要無愧無悔

事情會不會發生？最後會如何演變？這些並非個人所能控制，但我們至少可以堅持不要愧對自己。

人類是群居動物，既然不得不跟別人一起相處，就不可能每件事情都順著自己的心意而行。

在民主社會裡，更是如此，如果想要得到他人的認同，讓自己心之所願付諸實行，就一定要運用某些手段才行。

這些手段可能是引導，可能是說服，可能是逼迫，也可能是欺騙，總之是某一方運用影響力，使得另一方做出自己希望的決定或行動。

如果發揮影響力的一方，能使對方心甘情願地做出回應，那麼便不至於發生什麼衝突或爭執；但如果讓對方產生了反感，便會爲了捍衛自己的意見和想法，而做出相對的反擊。

三百多年前，一名建築師克里斯托．萊伊恩受命設計英國溫澤市的市政府大廳。在他的設計裡，巧妙地運用了力學的原理，整座大廳的天花板竟只需用上一根柱子便可支撐。

但是，當建築竣工，政府官員前來驗收的時候，卻認爲只用一根柱子支撐的天花板未免太過危險，便要求萊伊恩非得再多加幾根柱子不可。

儘管萊伊恩提出了種種證據來佐證自己的論點，強調以一根堅固的柱子就足以支撐天花板，大廳的安全無虞，不需再多加柱子，但是，官員們並不以爲然，仍要求他一定得照辦，否則就要他退出建築工程，還威脅他可能因爲違約而吃上牢飯。

固執的萊伊恩不得不開始思考，自己究竟要不要妥協。他心想，如果堅持己見，繼續爭執下去，肯定沒有勝算，政府官員一定會找別人來重新設計，那自己的心血不就白費了嗎？

但是，他又不甘心自己的理念被如此貶抑。最後，他終於做下決定，同意在大廳裡再加上四根柱子，但是這些柱子的頂端並沒有接觸到天花板，也就是說這些柱子只是擺好看的，並沒有任何支撐的作用。

他用這個方法通過政府官員的驗收，同時又不減損自己的信念。三百年後，當市政府準備重新修繕大廳時，才終於發現了這個秘密，一時間引起廣泛討論，萊伊恩的建築功力，此時才受到了世人的肯定。

當年那些政府官員早已消失在時間的洪流之中，可是建造出這幢「嘲笑無知建築」的萊伊恩，卻在建築史中留下印記。

如果注定要接受妥協，那你會用什麼樣的方式去面對？能不能像萊伊恩一樣想出辦法化解呢？

對於市府大廳的設計，建築師有建築師的想法，官員有官員的考量，他們都認爲自己是對的。

所抱持的立場不同，做出來的決定當然也不同。在當年，看起來像是官員贏了，而萊伊恩輸了，但三百年後卻又是完全相反的結果。

這個故事告訴我們，我們不能知道自己所做下的決定是不是絕對正確無誤，也不知道我們的決定會對未來造成什麼樣的影響，我們只能對自己充滿信心，相信自己的每一個決定是經過深思熟慮、謹慎評估才行動的。

如此一來，就算是眼前必須讓步、妥協，只要最後的決定對得起良心，那麼我們就不會後悔。

有人這麼說：「我們可以選擇如何反應，卻控制不了事情的發生。」

說穿了，我們所做出的每一個決定與行動，其實都是自己心底同意了才會去做的；一個不覺得自己做錯的人，是不會感到悔恨與不快樂的。

就算是自覺所作所爲都是爲人所逼，歸咎原因，其實也是自己願意被逼才會如此行動，所以當我們發現自己做出違背初衷的行動時，懊悔的感受是來自於自己而非外在。

相對的，面對不利於自己的形勢，如果我們能依著自己的心意去反應，對於結果我們就不至於會過於苛求。

所以，做決定時，一定要先問問自己：「眞的決定這麼做了嗎？願意承擔所有的後果了嗎？」就算妥協，也要無愧於心。

事情會不會發生？最後會如何演變？這些並非個人所能控制，但我們至少可以堅持不要愧對自己。

依賴慣性，只會讓你掉入陷阱

我們常常因為慣性的處事態度，而被束縛了前進的腳步，面對生活上的難題時，便容易鑽入牛角尖裡。

我們每天大腦要處理的訊息，何止千百萬，更要下定各種大大小小的決定，是要接電話還是先去上廁所？是要吃中餐還是三明治？要搭捷運還是坐公車或是坐計程車？如果每一個決定都要深思熟慮，思索再三，那麼一天二十四小時，是絕對不夠用的。

有位心理學家做過研究，顯示我們會將這些決定與反應訴諸直覺和經驗，也就是說，我們過去得到了什麼樣的經驗，之後多半會依樣畫葫蘆。

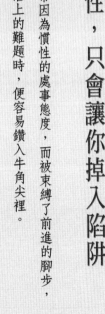

根據一般的情況來說，我們的這些決定，也多半會讓我們得到差不多的結果，因此，我們大可信任我們的直覺與經驗，依著慣性下判斷，不僅讓我們省時省事，更省力不費心。

只是，一旦我們完全依賴這些慣性，當環境出現變化，抑或是有人刻意利用我們的慣性反應時，我們就會因此落入陷阱之中而不自知。

比方說，我們可能會因爲不好意思拒絕別人的好意，所以在欠了人情之後，只好以更大的好處來予以回報，以免被人說成「沒有良心」。

結果，不過看了兩期贈閱雜誌，就不好意思趕走笑容滿面的推銷員，而訂閱一整年的月刊；或者，一聽到「大特價」三個字，就覺得東西眞的很便宜而瘋狂搶購，等回到家時才發覺這些東西目前根本用不上，而且實際上只不過便宜了幾塊錢而已。

我們就這麼被自己的慣性心態愚弄了。

我們常常因爲慣性的處事態度，而被束縛了前進的腳步，面對生活上的難題時，便容易鑽入牛角尖裡。

但是，亞歷山大大帝的故事告訴我們，如果能夠跳脫慣性的想法，無論怎麼樣難解的結，都有其解結的方法。

公元前三百三十三年的冬天，年輕的馬其頓國王亞歷山大率領軍隊進入一座城市裡避寒，聽說城裡有一個著名的神諭：誰能夠解開城中那複雜的「哥頓神結」，誰就能成爲亞細亞之王。

亞歷山大決心一試，於是滿懷信心地驅馬前去解結。可是，他一共嘗試了幾個星期，仍無法找到繩結的兩端，自然也解不開錯雜繁複的神結。

他毫無頭緒又不肯就此善罷干休，思來想去，突然頓悟：「我何不自己制定一個解結的規則呢？」於是，他拔劍出鞘，一劍將「哥頓神結」砍成兩半，那個繩結便被徹底「解」開了。

在日本也有一個跳脫慣性思考方法而成功的例子，可以幫助我們進一步地思索這樣的觀點。

咖哩粉是一種常用的調味料，在日本有廣大的消費市場。浦上是一家食品公司的老闆，他一直希望能開發出自己公司專屬風味的咖哩粉，可是一連嘗試了幾種配方，大衆的反應都不怎麼好。

後來，他不禁突發奇想，爲什麼咖哩都一定要是辣的呢？如果可以做出一種不辣的咖哩粉，那麼即使不敢吃辣的人，也能夠品嚐到咖哩的美味，如此一來，一定可以增加銷售量。

結果，他的研發團隊，果然成功地以蜂蜜和果醬調製出一種沒有辛辣味卻有咖哩香的咖哩粉。

剛推出的時候，受到很多人的懷疑和嘲笑，但事實證明，大家沒吃過不辣的咖哩粉，反而很想試試那到底是什麼樣的味道，結果銷量大好，讓浦上的食品公司異軍突起，廣受市場歡迎。

這種新口味咖哩粉不但成爲市場上的長銷品，更連別家公司都開始朝這個方向研發出更多「不辣」的咖哩粉。

《湖濱散記》的作者梭羅說：「忘掉別人教我們的東西後，我們才開始擁有真正的知識。」

如果我們一味地信服別人傳遞給我們的訊息，而不深入思考，這只是盲從。古人說：「學而不思則殆」就是這個道理，如果不動腦思考，加以融會貫通，理論學得再多也是不會懂得如何應用的，反而容易遭到蒙蔽。

慣性，是大腦簡化繁雜訊息的工具，但我們卻不該過度依賴這樣的思考態度。這就像駕駛飛機時，當然可以用自動操作系統來飛行，一旦覺察到異狀就應該改將自動改成手動，檢查每個設定是否有差誤，否則誰能安心地坐在飛機上呢？

不被慣性束縛，不時檢查大腦中自動操作系統的設定，如此，我們才能解開生命中的各種「結」。

太相信經驗，最容易受騙

經驗只是用來參考的，而不是全盤接收，行動之前能夠多花點時間衡量局勢，就不至於舉止失措了。

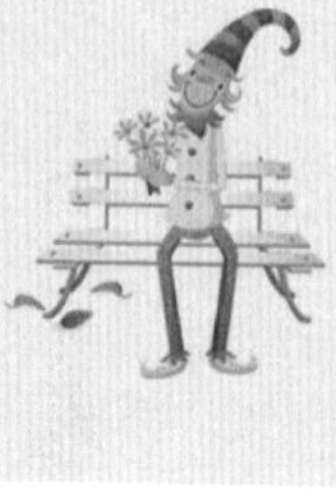

老人家教訓年輕人時，最愛用的兩句話就是：「我走過的橋比你走過的路還多」、「我吃過的鹽比你吃過的米還多」，無非就是誇耀自己閱歷豐富。

生活經驗豐富，處事就能更加順暢。經驗，確實在我們處事上給予了相當的方便，憑藉著過去所遇到的經驗，可以讓我們避開無用、沒效率的方式，得到事半功倍的效果。

但是，我們也應該小心，不要一味受限於經驗，而失去了嘗試的勇氣。因爲，太相信經驗，最容易讓我們朋受騙。

曾經有人做過這麼個實驗，將一隻性情兇猛的鯊與一群熱帶魚共同放在一個池子裡，其中以一面強化玻璃隔開。

鯊魚被放入池中時，立刻朝那群熱帶魚衝過去，牠的行動當然被那面看不見的玻璃阻擋。鯊魚撞擊的力道越強，得到的反擊力也越強，難免撞得頭昏眼花、傷痕累累。

其實，鯊魚並不會挨餓，因爲每天實驗人員都會在池子裡放入一些鯽魚作爲食物，不過，鯊魚仍舊依著追逐獵物的本能，不斷地衝撞玻璃。

但是，只要玻璃一被撞裂，實驗人員就立刻換上一面更厚的新玻璃，所以不論牠怎麼試，總是無法成功，反而弄得自己渾身是傷。

持續一段日子之後，鯊魚放棄了，不再嘗試衝撞玻璃，不再在意那些游來游去的熱帶魚，只等著每天固定會出現的鯽魚。

到了最後，實驗人員把整面玻璃取走，但是鯊魚卻沒有因此而恢復以往的追逐的本性，仍舊每天只在固定的區域游動，不但對那些熱帶魚視若無睹，甚至實驗人員放入的鯽魚一游過那片區域，牠便立刻停止追逐。

鯊魚過往的經驗，告訴牠衝撞玻璃不但沒有用，而且會讓自己受傷，所以牠不願意再花費力氣嘗試，因爲牠早認爲那是不可行的。

正如同待人處事，我們難免自私，因爲那是本能。我們可能爲了貪圖一小段路程而將車子停在路邊，忘了這麼做會影響到別人行走的權利，但如果人人都如此，每一條路都無法通行了，所以法律這道玻璃就擋在我們的前方，一旦我們衝撞了，就會得到罰款的傷害經驗。久而久之，不隨意停車便會成爲我們的固定行爲，因爲我們知道衝撞法律，沒有好處反而有壞處。

這些規定可能會影響到我們個人的福利，卻能造福絕大多數的人。如果我們深入思考後能夠認同這個前題，那麼我們才能心甘情願地接受這些規範。一旦這個決定是出於自己的意願，我們就不至於會有受制於人的感受，也就願意爲自己的決定負責，也更願意遵守規定。

但是，法律是由少數人來制定的，沒有辦法善盡完滿，也可能思慮不周，當我們察覺出某道律法是道惡法，反而損害了大部分的人的權益，我們難道仍要盲目地遵守嗎？勇敢站出來，積極爭取將法律修得更加完善才稱得上是正道吧！

這個故事提醒我們，經驗也是一種約束的力量，即使兇猛力大如鯊魚，在正負增強交替訓練之下，也能達到馴化的效果。可見得我們的所有行爲決定，都能在刻意的訓練之下，做出別人需求的反應。

這些反應並不一定都是好的，也不一定都是壞的，好與壞的差別就在於我們是否能夠在下決定之前，仔細檢視過我們的意志。

如果，我們判定這個決定是好，那麼自然樂於從命，但是如果眼前的環境情況與過往經驗有所差異，就不該盲從。

經驗只是用來參考的，而不是全盤接收，行動之前能夠多花點時間衡量局勢，就不至於舉止失措了。

掙脫心靈束縛，腳步就不會絆住

改變面對困難的態度，就能改變對我們不利的形勢，不要讓外力或他人在自己的心頭加上束縛，腳步就不會被絆住。

有些時候，事情之所以會失敗，是因爲我們自己的能力還不夠，技巧還不足；如果能夠持續不斷地充實自己的實力，終能掙脫那些綑綁在身上的束縛，衝出生天，才有觸碰成功的機會。

但是，很多時候我們會遭遇失敗，是因爲我們不相信自己的能力所致。我們不相信自己體內潛藏著克服萬難的能量，當然無法衝破難關。

拿破崙能夠在歐洲稱雄，正是因爲他有著「凡事沒有不可能」的信念，在他蓄積了實力時便能勢如破竹，千軍萬馬之勢無人能擋。如果他對自己的能力曾有一絲懷疑，那麼他也不可能完成如此霸業。

大象堪稱是陸地上最大的動物，力氣無比強大，聰明的人類很早就學會將牠們的力量借為己用。有些地區將大象馴化，不僅能夠搬運重物、做馬戲表演，還能訓練大象上戰場呢！

那些被馴化的大象，僅僅被一條鐵鍊拴住，就乖乖聽話。第一次看見的人難免覺得訝異：大象這種陸地上力氣最強大的動物，怎麼會甘心受制於一條細細的鐵鍊呢？

馴養大象是有方法的，馴養師在大象小時候就下足了功夫。小象的力氣還沒養成，以一條大鐵鍊就能限制住牠的行動，無論小象怎麼拉扯，都很難將之扯斷，只要鐵鍊一有鬆動斷裂的跡象，就立刻更換一條更粗的鐵鍊。而只要小象一停止拉扯，馴養師就會給予食物或安撫等鼓勵，長久下來小象便會放棄掙脫的念頭。

即使牠長成了大象，力氣早已不同以往，仍會認為自己無法敵過那條鐵鍊，而心甘情願地接受馴養師的訓練。

有一個馬戲班裡養了許多大象，象群的精采演出，得到無數觀衆的掌聲，大家都為馴養師能夠將那群大象訓練得如此乖巧而大聲喝采。

一天，馬戲團意外失火，火勢因風吹擴大，一個棚子燒過另一個棚子，很快就燒到了關養動物的圍欄，一發不可收拾。

圍欄內的動物被火勢逼得驚慌失措，馬戲團的工作人員只來得及打開欄門，趕不及一個一個地解開象鍊。一隻隻大象頻頻跺腳轉圈，就是不知道要扯斷腳鍊，只能焦躁地左右晃來晃去。

炙熱的火焰燒著了乾草，很快地蔓延開來，一隻象被燒痛了腳，猛然一抬腳，鐵鍊竟然應聲而斷，連忙朝著欄門奔出去。其他的象群見狀，也想要逃，使盡了力終於掙脫了束縛，跟著逃往安全地帶。

但有些象怎麼也不敢拉扯，才邁開一步被鐵鍊絆住了腳步，就一動也不敢動了，結果大火席捲了整座畜欄，裡頭未能逃出的動物無一倖存。

那條鐵鍊的束縛力和大象的氣力相比，是何其懸殊，但大象卻始終未能掙脫，實在令人費解。然而仔細一想，我們又何嘗不是如此呢？原本的想法一旦受阻，禁不起挫敗的打擊，就認爲自己做不到，也不願意再去嘗試。畫地自限的結果，就是只能眼巴巴地看著別人成功。

如果我們不相信自己做得到，我們就一定做不到。

大象被「那是不可行的」那條鐵鍊綁住了，因而失去逃生的機會。這個故事值得我們警惕；改變面對困難的態度，就能改變對我們不利的形勢，不要讓外力或他人在自己的心頭加上束縛，那麼我們的腳步就不會被絆住。

腳上沒有了束縛，便能自在地朝著心之所向前進；勇敢地邁開腳步，總有一天能夠到達我們想去的地方。

最高段的謊言也騙不了自己

謊言編織的勝利無法彰顯出真正的實力，而讓心靈蒙塵所贏來的冠軍獎盃也失去真正的意義。

自今以來，誠實一直是眾所讚譽的美德，無論思想家或是教育家，總是教人要誠實；保證誠實無欺的店家，總是特別容易讓顧客上門……

但是，每個人心中必定有些事情不願他人知曉，每個人心裡都有秘密，爲了保全秘密，拼了命不能說出來，在不得已的情況下就會說謊了。

只是，儘管外人看不出來，儘管我們能成功地騙過他人的眼睛，我們自己卻騙不了自己。

一九二八年阿姆斯特丹世運會中，曾經發生過這樣的事件。

那是一場擊劍決賽，由一名義大利選手和一名法國選手爭奪金牌。全場觀眾正目不轉睛地欣賞兩位選手的激烈爭鬥，兩人的技巧都十分高超，你來我往讓大家看得大呼過癮。

由於義大利選手手臂較長，相對地造成法國選手處境不利，只能迅速反應，不斷地採取奇襲，猛攻對方弱點。爲此他的攻擊比較果斷，刺劍與擋開的動作像閃電般快速交換著。

忽然，一名裁判吹哨判定義大利選手擊中了法國選手。由於劍招實在太快，兩人交擊的瞬間相當短暫細微，其他裁判並沒有看到，因此發生了爭議。全場觀眾屏息凝神，要是法國選手被擊中的話，就等於失去了金牌。

裁判們聚集在一起討論之後，共同決定剛才的突刺攻擊並沒有碰到，判定比賽繼續進行。

但是，就在此時，法國選手聽了卻除掉面罩，舉起劍套，走到裁判員們面前宣佈：「我被擊中了！」

儘管裁判的判決對法國選手有利，但他卻不接受。因爲對他來說，保持心靈的純潔湛然，比獲得金牌更爲重要。

法國選手當然可以藉著這個機會逆轉比賽情勢，但是如果接受這項判決，他的心裡卻永遠擺脫不掉自己掩蓋事實的陰影。

畢竟，有沒有被擊中自己最清楚，就算在場沒有任何人看到，他自己的心卻看得明瞭，所以他不願意對自己說謊。

不知道誰這麼說過：「你若對我撒謊，我絕不原諒你；若我撒謊被你逮到，我也絕不原諒你。」

這句話說明了我們對於說謊行爲的厭惡，即使說謊的人是自己。特別是，當自己的行爲有了如此的污點竟還被人察覺，自然要惱羞成怒了。

在別人的目光下，我們當然能會循規蹈矩，然而能夠在人後也同樣維持一致的行徑，卻是難能可貴的。

記得看過一盤棋賽，圍棋規則中規定棋手落子之後，一旦手指離棋就不得再更換落子的位置，當時一名棋手本來暫居勝勢，沒想到一時失察，在落子後的瞬間發現自己下錯了叫吃棋位，立刻取棋移動重新落子。

他的對手雖然察覺他可能已經離手，卻因爲動作看得不是很清楚而不敢肯定，遲遲不能決定是否要說對方犯規，但是，那名棋手卻逃不過自己內心批判的聲音，在對方下子之前便主動投子認輸了。

如果那個失誤未被察覺，如果他昧著良心堅持自己並未犯規，以當時無人旁觀自由心證的情況，或許他還是能贏得那盤棋，但他卻會因此失去內心的平靜以及爲人的尊嚴，所以他最後選擇對自己誠實。

謊言編織的勝利無法彰顯出眞正的實力，而讓心靈蒙塵所贏來的冠軍獎盃也失去眞正的意義。

這兩位選手雖然各自輸掉了一場比賽，但卻贏得了自我的價值，因爲他們最起碼能夠對自己誠實。

不存非分之想就不會上當

能夠做到不自欺欺人，就能阻絕絕大多數吃虧上當的危機；
去除對物慾的過度貪婪，我們的心就不會被非分之想佔據。

不知道是不是因爲經濟不景氣的關係，最近騙財詐術的消息特別多。騙徒們利用人們貪財好利的心理，設下了一個個騙局，讓受騙者乖乖地把錢匯出，等到人去樓空才發現自己受騙，即使後悔莫及，也爲時已晚。

有時候看著新聞，不免納悶爲什麼那些人明知道那種天上掉下來的好運可能是騙局，卻還會上當受騙呢？

受害者總是在鏡頭前痛聲責罵騙徒沒有良心，不知道他們可曾想過其實是自己給了騙徒可趁之機。

如果沒有想要不勞而獲、貪小便宜的僥倖心態，又怎麼會想要得到那些原本不屬於自己的錢財，又怎麼會乖乖地照著歹徒的話去做？

說穿了，便是把自己身上的把柄交給那些意圖影響我們的人，一旦對方有了惡心，那麼自己就如同甕中之鱉，根本無處可逃。

有一個故事說得非常好，值得我們深思。

據說，埃及王朝在比東法老到蘭塞法老的六百年間，位在於帝王谷的入口處有一座名為迪拉瑪的神秘城市。

帝王谷是歷代法老木乃伊的遷葬地，迪拉瑪城則被稱為魔鬼城，因為凡是走進這座城的外地人，無一不上當受騙。例如，有人到這裡採購銀器，結果被人騙得連鞋子都不見；還有人本意打算來探險，才進城不到十五分鐘，身家財產全被騙光……

關於魔鬼城的傳說，有很多種說法。

有人說，這是因爲迪拉瑪城剛好是天上獅子、水牛、天狼等三個星座在地球上的重心投射點，受到星宿的力量影響，使得外地人走進這裡就會頭腦失靈。

也有人說，這根本就是法老王遺留下的詛咒，因爲「凡是打擾法老王安寧的人必死無疑」，所以在入口處設下了這樣的無形關卡，讓你破點財，不要進入帝王谷，以免喪命。

據說，法老王在陵墓完成之後，爲了防止盜賊入侵，曾將牢裡的三千名騙徒秘密流放到此城中，試圖以騙徒的智慧，制約盜賊的智慧。

之所以會有這麼多的傳說，就是因爲來到這個城市的人無一能倖免，除了一個希臘哲學家之外。

那名哲學家來到迪拉瑪一共住了一年，非但沒有發癡受騙，而且還保全了身上的所有財物。當他回到了希臘，將他從迪拉瑪漫遊之後的心得留在摩西神廟的石壁上。

直到兩千多年後，摩西神廟遺址被發現時，大家才得知魔鬼城的傳說所言非假。神廟的石壁上刻著一句話：「當你對自己誠實的時候，天下就沒有人能夠欺騙你。」

盜賊對財物的貪婪心恰巧爲騙徒所利用，唯有對金銀財寶無所貪圖，才不至於受到騙徒利誘，反而因小失大。

這就是哲學家有別於人之處，心裡明知不義之財莫取，如果刻意不聽心裡的警鐘，感官就會被外物蒙蔽，腦袋當然不夠清晰，被騙的機會就更大了。

相對的，當我們捫心自問，感到無愧於心之時，我們就不會被謊言誘惑。《墨子．修身篇》裡這麼說：「志不強者智不達，言不信者行不果。」意思就是說意志不堅強的人，智慧也不發達；言語不誠實的人，行動也不會有成果。能夠做到不自欺欺人，就能阻絕絕大多數吃虧上當的危機；去除對物慾的過度貪婪，我們的心就不會被非分之想佔據，就能清明地面對自己。

只要自我的意志夠強烈，就不會受到外力影響。

找出適合自己的生活方式

找到屬於我們自己的生活方式與工作環境，我們才能輕鬆自在地享有成功的滋味。

每個人天生的資質與性格不同，就算是完全依著別人的路子走，即使事倍仍不一定功半。別人得心應手的工作，我們做來可能覺得綁手綁腳、施放不開，在步步侷促、勉力而爲的情況下，如何能夠有十足的成效？失敗與不及他人成功是理所當然的結果。

條條大路通羅馬，選擇自己喜歡道路與前進方式，才能讓我們用最輕鬆的方式，最快速地抵達目的地。

一味地想要擁有別人的特質，其實是吃力不討好的，倒不如重視自己的優點，努力發揮，自然能有一席的生存之地。

從前，有位國王從城堡的窗口望出去時，發現遠遠近近的草地上，處處綴滿了一種不知名的小白花，看起來相當可愛。國王欣喜地來到花園，發現那是一種不起眼的小草所開的花。

這麼可愛的小草，卻從來不曾受到園丁重視，甚至爲了讓其他花草有足夠的生存空間而遭到拔除。這個現象令國王感到相當訝異，於是下令園丁從今以後只要照顧這種小草，不要再種植其他的植物。

於是，小草成了園丁最重要的工作，每天有人細心澆水、施肥，受到最完善的照顧。小草的生命力旺盛，很快地長滿了整片花園，但是隨著開花期一過，花園裡就只剩下一片單調的綠色。國王看了覺得相當失望，命令園丁加倍努力照料，希望花園裡能有一番不同的景象。

可是，小草只是小草，永遠不可能有松樹的挺拔、葡萄的果實、玫瑰的嬌艷和紫丁香的芬芳，不管園丁如何細心培養都沒有辦法做到。

由於無法達到國王的要求，使得園丁和小草都感到相當挫折，一個又一個園丁掛冠求去，而小草也因爲覺得自己的花不夠美、不夠香，沒有香甜的果實而沮喪，漸漸開不出花、結不出籽，草葉呈現枯黃。

除此之外，小草們也容不下其他可能比它們更美好的花草，只要飄來了顆種子，便爭相蔓延地奪取養分，使種子無法生長。

最後，當國王再度站在窗口望向花園時，眼中所見到的，不再是一片欣欣向榮，而是滿園荒蕪。

花園之所以荒蕪，來自於國王無謂的強求。小草本來安心做自己，該開花時開花，該結籽時結籽，依著自己的規律與特質生長著，即使是在夾縫中求生存，也有著自然天成的樸質美感。國王的介入，即便出自善意，仍適得其反。

以種植玫瑰的方式照料，小草仍不會變成玫瑰。結果小草變成了一株想成爲其他花草的可憐植物；不再是小草的小草，什麼也不是。

玫瑰嬌美，梗莖多刺，牡丹色艷，香濃膩人，而葡萄多實，藤蔓四生……每一種生物，都有自己獨特的優點與缺點，既無須強求，也無須自貶；人也是如此，只有快樂做自己，才能自由自在。

每個人的特質都不一樣，別人一定會有讓我們欣羨的優點，讓我們想向他們學習。但是，學習絕對不是抄襲，一味地複製別人的模式，只能讓我們學到三分樣；倘若沒有融合自我的特質，創造出適合自己的方式，永遠沒有辦法突破自我的瓶頸，成功的機率也會打了折扣。

比方說，網路業盛行的時候，很多人看到別人做得成功，就一窩蜂也跟著做，盲目跟從的結果，卻是傷亡慘烈，成功者微，失敗者眾。

我們有我們自己的長處，但是長處還需要有地方發揮，才能稱得上是優點，也才能有所助益。

把一個只熱衷於維修機器的人，丟到銷售業務取向的工作環境之中，他的業績想必不會好到哪裡去；一個活潑外向、能言善道的人，整天關在辦公室裡處理文書，可能會令他窒息身亡。

勉強自己待在不適合的環境中，或許可以滿足物質需求，卻填補不了心靈空虛。失去成就感的人是無法感受到快樂的，只會對每天的生活益發感到厭倦、沮喪而已，永遠無法獲得滿足。

所謂「如魚得水」，說明唯有在水中，魚才能自在生活下去，同樣的道理，找到屬於自己的生活方式與工作環境，我們才能輕鬆自在地享有成功的滋味。

打破心裡的「冰點」

凍結了積極的生活態度，便會消滅我們對生命的熱情，人生的腳步如何能向前跨越，又如何看見豁然開朗的前景呢？

有句話這麼說：「哀莫大於心死」，告訴我們人生最大的悲哀，就是心死，一旦死了心也就失去了求生的念頭。

生命之中一定會遭逢許多困境，要是我們被這些困境擊敗，無法維持能夠戰勝的堅強信念，而讓悲觀的想法領著我們前進，最後一定會走上那條唯一死路。

或許，你從來沒想過「感覺」也能奪走一條生命，但有位心理學家卻觀察到了一個真實案例。

賽利曼博士是一名美國心理學家，曾經找來一萬多位自願者進行心理實驗。根據他的研究結果顯示，心態悲觀的人，往往會由心理影響生理，真的生出病來，更嚴重的還有可能導致死亡。

他在研究的過程中，調查到一個案例令他相當吃驚，後來也經常以這個例子勸人多多以正向思考的心理態度生活。

尼克是一名鐵路公司的調車員，平日工作十分認眞，做事也相當負責，但就是人生觀過於灰暗，悲觀心態相當嚴重，凡事皆以負面角度來思考。說得簡單一點，就是他的日子過得不快樂。

有一天，所有的鐵路員工都趕著去參加老闆的生日派對，紛紛提早下班回家換裝，沒想到尼克竟然意外地被粗心大意的同事鎖在一個冰櫃裡。

不管他在冰櫃裡如何敲打呼叫，都沒人聽到，敲得手掌紅腫，叫得喉嚨沙啞，都沒有任何人理睬。到最後，他氣力用盡了，只能喘著氣頹然地癱坐在地上。

他害怕地想著，冰櫃裡的溫度只有華氏三十二度，再待下去，一定會被凍死。想到最後，他不只覺得存活無望，更開始動手寫下遺書。

第二天，同事們來上班，赫然在冰櫃裡發現了身體僵直的尼克，連忙送醫急救，竟已回天乏術。

這樣的結果令大家都感到十分驚訝，因爲那只冰櫃早就壞掉了，冷凍開關根本沒有啓動，此外，那麼大一個冰櫃，裡頭的空氣綽綽有餘，照理尼克的處境不應致死。

但是，尼克確實死了，被自己心中的冰點給「凍」死了。因爲，他早已給自己判了死刑。

所謂「山窮水盡疑無路，柳暗花明又一村」，困境總是會出現在人生的道路上，阻去我們的去向，但是，生命之中沒有越不過的困境，只要堅持自己的意志，必定能夠柳暗花明，抵達目標所在之處。

然而，消極與悲觀的心態，就像一大片烏雲，遮去你我心頭的陽光，讓我們看不清前方的道路、看不到目標，更別說隱藏樹叢之後的綺麗風光了。

負面的情緒與思想如果在我們的心裡不斷儲存，凍結了積極的生活態度，便會消減我們對生命的熱情，人生的腳步又如何能向前跨越，又如何看見豁然開朗的前景呢？

遇到問題與困難，可以認命等死，也可以死裡逃生，端看自己的選擇，以及自己是否曾經爲改變命運而付出一切。不要輕易放棄，讓我們的生命激發出璀燦之光，迎向光明，黑暗就會遁形，消失得無影無蹤。

怪罪別人之前，先想想自己

作家霍姆斯說：「發脾氣的人比被發脾氣的對象，所受的損失更多。」

古羅馬哲學家西塞羅曾經如此說：「明察他人的過失，忘記自己的錯誤，是傻瓜獨具的品德。」

話雖如此，我們還是很容易只把錯誤的焦點放在別人到底做了什麼，而不在乎自己會怎麼做。

爲什麼總是希望每個人都能學會寬容？

我想，這是因爲如果對任何事都沒有辦法容忍，期望每個人都依照自己的意思來做，這個世界只怕早已毀於不斷的紛爭吧。

有一天在圖書館裡看到了這樣一幕「得理不饒人」的景象。

安靜的圖書館，傳來了一陣說話聲，隨著聲音越來越大，也引起了在場讀者的注意，到底是誰不看場合如此肆無忌憚地大聲喧嘩？仔細一聽，他們不是在談話，而是在吵架。聽了一會兒，大概也明白了到底發生了什麼事。

原來，一名女讀者發現佔了窗邊位置的讀者久久未歸，便把對方放在桌上的書本、用品移到旁邊的書架上，然後一屁股坐下。等到原來那位讀者（是個女學生）回來的時候，發現位置被佔，而自己的物品被移走，當然立刻提出了抗議。

但那名女讀者，振振有詞地說：「妳本來就不該將公有的座位當成自己的，隨便丟本書就佔了位子一整天，實在太沒有公德心了。」

女學生也忿忿不平地說道：「我只是暫時離開座位而已，妳憑什麼隨便動我的東西！」

女讀者提高了聲調：「什麼暫時離開座位，妳離開了整整兩個小時，像妳這種沒有公德心的人，別人當然有權利把妳的東西移走，大家會來這裡都是知識分子，怎麼可以讓妳做這種沒有公德心的事，告訴妳，這是公用的座位，不是妳私人的。」

兩人一來一往，誰也不讓誰，女讀者的聲音傳遍了整間閱覽室，總算是驚動了管理人員。

其實，閱覽室裡還有其他的座位，再說凡事總有個先來後到，但是那名女讀者說不起來就是不起來，而且堅持她有權這麼做。管理人員協調未果，這時有人請她們放低音量，女學生不再多說拿書走人，退出戰局。

那名女讀者仍在喃喃地訴說自己有理，怒斥管理人員不該如此姑息這種不成文的做法，好歹在眾人的目光之下，總算是讓閱覽室恢復了平靜。

這件事究竟誰對誰錯呢？經過我這一番轉述，大概猜得出我對那位女讀者比較不以爲然吧！

當然，在公共場所裡，那名女學生的確不該佔著位置不放，但是現場明明還有很多座位，沒有必要特地去製造糾紛吧！雖然她有理，卻顯得得理不饒人，那樣的態度，很難引起共鳴。

再說，如果她眞的極有公德心，恐怕是不會這麼放心隨意地大聲吵架吧！畢竟還有其他讀者需要安靜的閱讀空間。

如果她一開始就請管理人員來處理這件事，可能還有話說，但是，她一直在注意別人離開座位多久，加上私自移動別人的物品，不論合理性或正當性都出現了漏洞。

這種情況，或許眞如作家霍姆斯所說：「發脾氣的人比被發脾氣的對象，所受的損失更多。」

她本來好像是對的，也得到了她想要的座位，但在場的人卻對她產生了反感。最後到底誰贏誰輸呢？

PART 4

活在當下，才能塑造未來

未來，勢必會有更多的遭遇與險阻，
為了克服種種挑戰，
我們必須具備堅定的自我意識，
在當下盡情地活出一片燦爛。

互相扶持，才能共享成功的果實

蟻群遇水流，會一隻背著一隻搭橋過河，而螃蟹陷竹簍卻會一隻拉一隻，要成功還是要失敗，結果不言而喻了吧！

曾經聽人說，抓螃蟹是有技巧的，首先得準備一個酒瓶模樣口窄腹寬的竹簍，簍口大約人的一隻手伸得進去的大小，至於底部要多寬端，則視你想裝多少螃蟹來決定。

這簍子得要有個蓋子，當你抓著第一隻螃蟹的時候，記著一定要緊緊封住簍口，不然螃蟹八隻腳一下子就爬了出來。但是，等你抓到了第二隻螃蟹的時候，就算你忘了蓋上封口，也沒有多大關係了。

這到底是怎麼回事呢？其實，這是螃蟹的行爲模式使然，當竹簍裡有了兩隻螃蟹時，兩隻螃蟹都想沿著簍壁爬出洞口，但是當牠們爬到出口，只要其中一隻想出去，另外一隻就會拖住對方的腳，想把對方拉下去，好讓自己順利逃出。

當這隻螃蟹以爲自己就要成功的時候，剛才摔下去的那隻已經爬了回來，這次，換牠拉住爬在洞口的這隻了。

就這樣，兩隻螃蟹誰也不讓誰，誰也出不來。

竹簍裡的螃蟹越多，「互扯後腿」的現象就更爲嚴重了，不論哪一隻螃蟹想輕舉妄動，其他的螃蟹絕對不會輕易放過牠，於是拉來扯去，大家全成了漁人的囊中物了。

其實，又豈只螃蟹如此，類似這種「見不得別人好」的詭異舉動，在我們的社會也屢見不鮮。

有兩位虔誠的教徒，彼此是極爲要好的朋友，有一天，他們決定一起到聖山朝聖。他們一路背著行囊、風塵僕僕，相互扶持鼓勵之下，終於克服萬難來到聖山山腳下，遇見一名白髮聖者。

聖者對於兩人如此不辭千里的決心與毅力相當感動，也對兩人深厚的友誼印象深刻。於是，聖者對他們說：「從這裡到聖山山頂，大約還有十天的路程，很遺憾的，我不能與你們同行，但是我願意送你們一份禮物。你們兩個當中只要一位先許下願望，他的願望一定能實現；同時，另一個人則能加倍得到那個願望。」

聖者的話一說完，便失去了蹤影，兩人大感意外，對於自己能夠得到許願的機會感到非常興奮。

兩個人紛紛在心中想著各種願望，一邊猶豫著自己該實現哪一個願望。好不容易想妥了，但是，兩人正打算開口許願的時候，又硬生生地打住。他們兩個都不願意自己先行開口，因爲，一旦自己先說了，對方就可以得到雙倍。換句話說，要是許願想得到一幢豪宅，對方就能得到兩幢，這樣一來，先許願的人，無形中就吃虧了。

誰也不肯先說，一開始兩個人還客客氣氣地彼此推讓，但誰也不願意先開口，最後竟然吵了起來。

「你先講啊！」

「爲什麼我要先講，我才不要呢！」

兩人吵到最後，其中一人生氣了，大聲說道：「喂，你眞是個不識相、不知好歹的人耶，你再不許願的話，我就把你的狗腿打斷，把你掐死！」

另外一個人聽到對方竟然口出威脅，火氣也大了，心想：「想不到你竟是這樣的人，好，既然你無情，就別怪我無義，你休想佔我便宜。」於是，他心一狠，大吼：「好，我先許願，我希望我的右眼瞎了！」

一瞬間，他的右眼眞的再也看不見了，至於他的朋友，也立刻兩眼全瞎，兩個人的聖山之行，最終以悲劇收場。明明原本是一份不可多得的禮物，卻變成了互相之間爭執的源頭，爲他們招致不幸的詛咒。

法國思想家孟德斯鳩在《我的思想》中這麼說：「如果我們僅僅想獲得幸福，那很容易實現。但我們希望比別人更幸福，就會感到很難實現，因為我們對於別人幸福的想像，總是超過實際情形。」

就是這樣的盲點，讓我們內心充滿嫉妒，讓我們總是不甘願，最後不得不承受自己自私的後果。

人必須相互幫助，互相扶持，才能共同享受成功的果實。蟻群遇水流，會一隻背著一隻搭橋過河，而螃蟹陷竹簍卻會一隻拉一隻，共同萬劫不復。要成功還是要失敗，結果不言而喻了吧？

互相合作扶持，可以共享成功，至於互扯後腿，最終只會讓漁人得利罷了，值得我們三思。

活在當下，才能塑造未來

未來，勢必會有更多的遭遇與險阻，為了克服種種挑戰，我們必須具備堅定的自我意識，在當下盡情地活出一片燦爛。

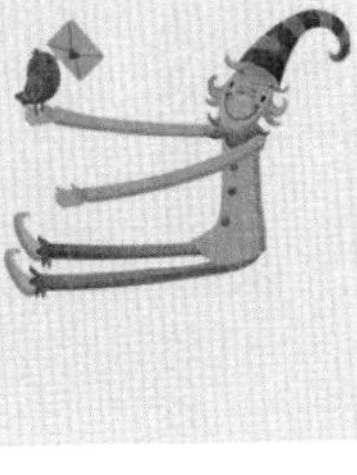

一個人一旦出了鋒頭，就像是赤裸地呈現在衆人眼前，每一個言行舉止都會被人拿放大鏡來檢視，種種的毀譽都會接踵而來。如果不能保持「我就是我」的坦然態度，勢必會感到左右無措。

美國網球女將比莉．晶．金恩十四歲的時候，就已經參加過許多場正式的比賽了。

她回憶當時對自己的每一場比賽都相當在乎，每次賽後都會將那一場比賽的相關報導剪下來，做成剪報。

有一次，她打輸了，那場比賽以六比〇、六比〇直落二被淘汰，這樣的結果讓她十分難過，體育報紙更以頭條報導她一局都沒有拿到，讓她深受傷害，甚至覺得痛不欲生。

那時，她的父親將她帶到一旁，語重心長地告訴她，他不認爲看自己的相關剪報會有什麼好處，最好以後也不要再看了，因爲她日後將會面臨到更多曲解和浮妄的言論，只要不去聽，這些壞話所帶來的危險性就能減低；而他也不希望她因爲愛聽讚美言辭，而淪爲自大之輩。最後一句話，對小小年紀的比莉來說，影響更是深遠。

他說：「閱讀有關自身結果的報導，有如閱讀妳的昨日；身為運動員，妳該做的就是打好今天的比賽，妳應該活在當下，才能塑造未來。」

比莉由父親身上，學到了「活在當下」的人生哲學，更學到每個人都必須珍惜每一刻，而遭逢未來時，更必須堅持下去，並竭盡所能地去解決。

羅斯福總統的夫人艾琳諾．羅斯福曾這麼說：「不經你的同意，沒有人能使你自覺低劣。」

換言之，別人的言語並不見得能讓你覺得高貴或低劣，一切都是自己心中的那把天平得出來的結果；我們覺得自己高貴就是高貴，覺得自己不如人，就是低人一等。

我們得先認清自我的價值，喜愛自己的存在，那麼，我們的存在才有意義。未來，勢必會有更多的遭遇與險阻，爲了克服人生中的種種挑戰，我們必須具備堅定的自我意識；光是聽從他人評論且隨之搖擺，就無法獲得洞察自我的銳利目光。

所謂「指望別人爲你引路，勢將迷途」，就是這個道理；與其如此盲目，倒不如保持自己的人生方向與速度，在當下盡情地活出一片燦爛。

珍惜來自別人的助力

當我們接受別人的幫助後，如果也能對別人伸出援手，那便是對這個世界，做了一件偉大的事。

黎巴嫩詩人紀伯倫曾經寫道：「如果理想是人生大船的舵，那麼態度則是人生大船的帆。」

確實，一個人的態度，關係到自己的人生高度，就像如果一個人不肯改變將自己比做泥土的態度，那麼他就注定一輩子被別人踩在腳下。

每個人都有窮困的時候，但是眞正的窮困，是在於一個人完全不想擺脫窮困，因爲那是打從心底的匱乏。

每個人一路走來，都需要他人的支持，你所需求的助力可能來自於任何人與任何地方，無論它是否在你的預料當中。那可能是來自於家人、上司、信仰，甚至是下一個與你擦身而過的人，接受別人的援助並不可恥，可恥的是平白接受卻不心懷感恩、不思回報。

許多偉大的人物，都來自於窮困的背景。他們之所以成功，除了靠自己的努力之外，也因爲珍惜來自於他人的助力。

在倫敦的一個馬廄裡，住著一個窮孩子，他原本在街上賣報紙，後來又到印刷廠當了七年工人。

他在裝訂圖書的過程中，意外對科學產生了興趣，便嘗試做一些簡單的實驗。在一次偶然的機會，他去聽了戴維先生的化學講座，回來以後鼓足了勇氣，把自己的心得筆記寄給這位大科學家。

不久，有天晚上，奇蹟出現了。戴維先生的馬車停在那個馬廄門口，車上的僕人遞給男孩一張請柬，請他參加第二天的講座，他吃驚得幾乎不敢相信自己的眼睛。

而後，在戴維先生鼓勵下，他做了許多出色的實驗，將自己心中對科學的想法成功地透過實驗表達出來。沒有多久，這個早年命運不佳的孩子，就被邀請在科學家面前講演了。

他便是最終成爲皇家學院教授，並被譽爲當時科學界一個奇蹟——法拉第，而戴維先生就是這個奇蹟的創造者。

另一個住在倫敦的窮小孩，自幼貧病交加、無依無靠，飽嘗了人生的艱辛。爲了餬口，同樣不得不在一家印刷廠做童工。

那份工作除了薪資微薄，其實也算不上件苦差，因爲他實在愛極了書報上的文字，早就與書報結下了不解之緣。酷愛讀書的他，常常在工作之餘貪婪地佇立在一家書店的書櫥前面，不住地摸著衣兜裡僅有的買麵包的幾個先令，然後垂下頭走開。

有一天早晨，在上班途中，他竟然發現透明書櫥裡有一本打開的新書，他眼睛一亮，便如飢似渴地讀了起來，直到把打開的那兩頁讀完背熟之後才匆匆趕到工廠上班。

第二天，他又不由自主地來到了這個書櫥前。奇怪的是，那本書又往後翻開了兩頁，他當然也是一口氣把它讀完。

他心裡是多麼想把它買下來呀！可是書價實在太高，以他目前的薪水，光是要填飽肚子都很困難了，更遑論買書。

第三天，奇蹟又出現了，書頁又按順序地翻開了兩頁。就這樣，那本書每天往後翻開兩頁，他每天都來，直到把全書讀完。

那一天，書店裡走出來一位慈祥的老人，撫摸著他的頭說：「好孩子，從今天起，你可以隨時來這家書店，任意翻閱所有的書籍，都不必付錢。」

後來，這個少年果眞成了著名的作家和記者。

雖然只是舉手之勞，卻讓對方的人生因此轉了方向，在偉人身後的那一雙手，其實也是偉大的，所謂「最偉大的成功，不是在世界舞台上，而是在內心深處」，正是如此。

當我們接受別人的幫助後，如果也能對別人伸出援手，那便是對這個世界，做了一件偉大的事。

有人說：「一旦你瞭解會有其他的人來分享你的願景，並且像你一樣負起築夢成真的義務，那麼正確的大門將會一扇接著一扇打開。」

那是因爲有時候別人爲我們開門，有時候則由我們去爲別人推開門把，彼此的援助生生不息。

這個世界就是如此成就而來的，每個個體或許渺小，但他們總會在某些個體心中，扮演著重要的角色。

不要把憤怒當成防衛的方式

一個人無故發怒，找人麻煩，或許我們該憐憫他是個不會自我情緒管理的人，被自己的悲慘情緒折磨得不成人形。

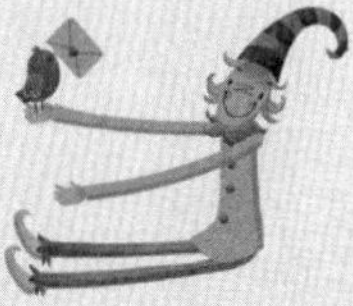

馬克吐溫在《跟隨赤道》一書中，如此寫道：「每一個人都是一個月亮，他有一個黑暗面從未展現給別人看。」

這句話說明了，每一個人心中都一些不欲人知的秘密，就像月亮的背面一樣不輕易示人。就像三浦綾子在《雪景相簿》裡所寫：「我發現，即使對於再怎麼信任的人，也總有一些自己心底的事，無法向其表明。」

那是因爲，我們不希望別人因爲知道了這些，而改變了他們對我們的觀感。

但是，不論月亮是如何以轉速來向地球隱藏它的背面，地球人還是發明了太空梭，讓太空人成功地登陸月球背面。可見得，黑暗的那一面別人並非眞的看不到，而是有沒有心去看。

偶爾，我們那堅強的防備，也會不小心破了一個缺口，讓人窺見裡頭的柔軟與脆弱。這個時候，我們心裡的警報系統，便會慌亂了起來，沒頭沒腦地補強裝備；原本的破洞或許補上了，但是其他的地方卻因爲多餘的防備而變得尖銳，不只難以靠近，更可能無理傷人。

有一位到日本學習氣功的美國人，有天練完功搭上東京地鐵準備返回住處時，剛好在車上遇見有人酒醉鬧事。

那是一個工人模樣的壯碩男子，渾身酒氣衝天，臉色陰沉，彷彿看所有人都不順眼，隨時想找人打架似的。一上車來就搖搖晃晃、東倒西歪，撞著了好些乘客，還破口大聲咒罵，把乘客像趕小魚一樣，全趕到了車廂的另一端。那個醉漢見狀更火，大發酒瘋，抓住車廂裡的欄杆用力搖晃，想要將它連根拔起，卻沒有人敢出聲制止。

那名美國人自認自己的功夫絕對有辦法對付這名醉漢，可是他曾經答應過師傅除了出手自衛，絕不以自己的武力主動挑釁。然而，此時非比尋常，他自認他應該站出來制止那人的行爲，以免其他的乘客受傷，所以他握緊了拳頭，緩緩站了起來。

那名醉漢看他站了起來，囂張地大吼：「呵！一個外國佬，哼，來啊，讓我教教你什麼叫做日本禮儀！」擺好姿勢準備朝那美國人衝過去。

但就在他行動之前，有一名老者開口說話了：「喂，你過來一下。」

那聲音聽來洪亮有朝氣，車裡的人全都轉過頭去，只見那名老者年約七旬，穿著一身和服，看來身材極爲瘦小。

醉漢惡狠狠地衝到老者面前，酒氣衝天地大叫：「我幹嘛要理你？」

那美國人警戒地站在一旁，目不轉睛地盯著那名醉漢，打算若是醉漢敢輕舉妄動，就立刻出手撂倒他。

老人慢條斯理地說：「我想問你喝的是什麼酒？」

醉漢口齒不清地大吼：「我喝清酒，關你什麼事？」

老人說：「太好了，我也喜歡清酒，每天晚上我都會和我太太溫上一小瓶，拿到院子裡，就坐在木板凳上看月亮……」老人還絮絮地說起他院子裡的柿子樹，最後語調輕快地問他，「你一定也有個不錯的老婆吧！」

醉漢張牙舞爪的模樣瞬間消弱下來，語帶哽咽地說：「不，她過世了……」

他叨叨地說起自己悲哀的際遇，失去妻子、家庭和工作，生活如何地面臨困境，自己又是如何地感到自慚形穢。

老人鼓勵他將心中所有的不快與煩悶全說出來，他很願意傾聽。美國人也鬆開了自己的拳頭，坐下來靜靜聽著，他明白危機已然解除。

暴力是惡劣的行為，卻也是憤怒最容易發洩的形式，倘使在氣頭上還有人去挑釁、去撩撥，那麼恐怕會炸得周邊一干人等全都粉身碎骨。老人冷靜理智地行動，軟化了醉漢的心防，也成功地阻止了一樁可能發生的衝突。

所謂「惱羞成怒」，我們都有不希望別人碰觸的一面，憤怒可能會是我們防衛方式之一，然而，我們在保護自己的同時，不會去注意到我們的防備行爲是否會傷及他人。

同理來想，當我們看到一個人無緣無故發怒，找人麻煩的時候，或許我們應該憐憫他是個不會自我情緒管理的人，正被自己的悲慘情緒折磨得不成人形。這樣一來，我們便不會笨得去招惹一隻受傷的老虎，也不會因此被連帶炸成砲灰。

暴力不是唯一的解決方法。以柔克剛，以靜制動，再尖銳的槍棍，也可以被一條軟繩緊縛在地，動彈不得。

不要因為別人的錯誤而憤怒

古羅馬劇作家塞涅卡認為：「抑制自己免於憤怒的最好辦法，是當別人憤怒時，你就冷靜觀察那是怎樣的一副德性。」

英國思想家培根認爲：「容易被激怒是一種卑賤的素質，受它擺佈的往往是生活中的弱者。」又說：「怒氣有如重物，將破碎於它所墜落之處。」

話裡的意思很明白，生氣只是將彼此炸得玉石俱焚，誰也沒法得到好處；而隨隨便便就被人激怒，像隻刺河豚鼓足了氣，張滿了刺，雖然讓人無法靠近，但別人也卻看出你的虛張聲勢。再說，氣昏了頭，也容易失去理智，犯下錯誤決斷。

可是，話雖如此，但生氣確實也是人類的情緒之一，喜怒哀樂都是自然反應，想要全然根除，無異緣木求魚；因而怒氣也應該有適當的宣洩管道，才不至於傷及無辜。

作家羅蘭說：「發怒，通常被認為是缺乏修養的表現，但是認真說來，怒也是人類情緒之一，只不過有些怒該發，有些怒不該發而已。」

換句話說，就是不爭強鬥狠，要爲所當爲，「是可忍，孰不可忍」的時候，也不必一味忍讓退縮，否則反而成了懦弱。

有一天，家住在海邊的小華氣嘟嘟地從學校跑回來。

爸爸看他一臉不高興，便問他：「你怎麼了？」

「怎麼了？小明說話氣我呀！我快要受不了了。」

「他說你怎樣？」

「他故意說我個子矮！」小華很氣憤地回答說：「雖然我個子很矮，可是我心胸很寬大呀！」

「喔？你的心胸很寬大嗎？」爸爸問完話以後，一聲不響地拿著一個臉盆，帶小華到大海邊去。

爸爸先在臉盆裡裝滿一盆水，然後往臉盆裡丟了一顆石頭，只見臉盆裡的水濺出來一些。接著，他又把一顆更大的石頭丟到大海裡，只見大海裡起了一個小小漣漪後，又恢復平靜，一點水也沒有濺出來。

「你的心胸很寬大，是嗎？可是，為什麼人家只是在你的心裡丟下一小塊石頭，你就像臉盆裡的水一樣，濺出來了？」

佛陀說：「堅石不因狂風而搖晃，智者不受讚美或責難所影響。」想要如此，就要有足夠的胸懷，才能讓我們在遭受他人刺激的時候，能夠先冷靜下來辨析事實的眞相，進而做出適當的反應。

若能像故事中小華的父親所點出的，訓練自己擁有大海一般的胸懷，就不易受激發怒了。

該怎麼做，才能訓練寬闊的胸懷呢？

最容易使我們發怒動氣的刺激，十之八九來自於別人的批評，關於這一點，達文西有個不錯的建議。他在《論繪畫》中提到：「應當耐心聽取他人的意見，認真考慮指責你的人是否有理。如果他有理，你就修正自己的錯誤，如果他理虧，只當沒聽見。」

倘若批評來自於惡意，而且自省自己沒有錯誤，那麼不妨參考歌德的辦法，「對於批評既不必提出抗議，也無須為自己去辯解；不必把它放在眼裡，而是用行動來說明。這樣批評就會慢慢地一文不值。」

古羅馬劇作家塞涅卡認爲：「抑制自己免於憤怒的最好辦法，是當別人憤怒時，你就冷靜觀察那是怎樣的一副德性。」

能心存這一點，相信我們就能在生氣的那一刻，多給自己幾秒冷靜的空間。所謂「一忍支百勇，一靜制百動」，就是這個道理，冷靜了下來，到時候該做什麼、該怎麼做，心裡自然會有答案。

將難聽的話留在嘴裡

應該在惡言出口之前，三思再三思。就算有些架非吵不可，
還是要提醒自己將難聽的話留在嘴裡。

格拉寧在《婚後》中寫道：「爭吵是很容易忘卻的，但是爭吵中的發洩，卻留下了難以消除的痛苦。」

其實，又豈止在婚姻裡如此，我們生活中的每一種人際關係，都可能因爲爭吵對立而破裂。

有的人以爲自己是在爭論一個道理，或許眞理眞的是越辯越明，但是，很多人辯到了最後，哪裡是在辯論事理呢？只不過是淪爲情緒性的相互攻訐，互揭瘡

疤罷了。

這種現象遇上了各種選舉期間，更是層出不窮，讓人不免覺得生在這個社會，還不得不訓練自己吵架的本領，如果不能拍踢桌子大罵幾句，甚至冷言諷刺，彷彿就會被人看扁似的。

所以，你吵我就吵得比你更大聲，一時之間，整個社會全充斥了你罵我、我罵你的聲音，沒有一個是好人。

吵架是一個危險的行動，因爲在那樣情緒激動的時候，許多你原本不打算說的話，都會以最惡劣的形式脫口而出。

有位富婆，氣焰囂張地在一家高級餐廳裡，不停抱怨著這樣不對，那樣不好。侍者尊重顧客，不敢發怒地站在一旁聽她抱怨。

但是，富婆絲毫沒有作罷的打算，反而得寸進尺，高傲地指著一道菜說：「你說，這叫作食物？我看連豬都不會吃！」

被罵得心有不甘的侍者終於按捺不住，冷冷地說：「是這樣嗎？那麼，我去替您弄點豬吃的來。」

這種口出惡言、反唇相譏的例子，也經常出現在現代的婚姻生活之中，以下就是一個例子。

丈夫聽了不中意的話，指責說：「妳講話起來就好像我是一個白癡。」太太反唇相譏：「你難道不曉得只有這樣，你才會懂？」

「拿去洗衣店的襯衫，拿回來了嗎？」過了一會，丈夫沒好氣地問。

「我是你什麼人，女傭嗎？」妻子回答。

「當然不是！」丈夫逮到機會，頂了回去：「妳如果是女傭的話，至少應該懂得怎樣洗衣服。」

兩個例子，都是不懂說話藝術的最佳例證，也道盡了現代人典型的交往模式，要嘛心無善意，要嘛不懂寬容。

我們經常掉進一個陷阱，就是爭論必有輸贏，總之一定要吵出個誰對誰錯，每個人都堅持己見，絲毫不肯退讓，即使罵盡對方祖宗十八代也在所不惜。極盡嘲諷、刻薄的言語全數出籠，傷人也自傷，何必呢？

富婆勝過侍者的只是錢罷了，並不代表她就可以仗恃著自己有錢就對人頤指氣使，別人不見得要忍受她的氣焰，不是嗎？

至於侍者，大可以請她離開這個令她感到不愉快的地方，而不見得要出言嘲諷，反降低了自己的格調。

夫妻之間更應該和睦相處，既不能把在外頭所受的怨氣帶回家裡，也不必在言語上爭強鬥勝，否則婚姻關係就難以維持下去。

看輕他人的人，終究也會被人看輕。

惡毒的語言就像一種毒素，它能將人與人之間的任何好的連結，全數侵蝕殆盡。很多人只知道「得理不饒人」、「火上澆油」，吵到最後，彼此之間只剩下嫌惡與憎恨。

如果人與人之間往返的都是憎惡與仇恨，我們還有心靈安寧之日嗎？我們還能創造出任何美的事物嗎？

不能的，因爲醜惡的心所造就的，是醜惡的世界。

既然言語的能力來自於思考的能力，我們就應該在惡言出口之前，三思再三思。就算有些架非吵不可，還是要提醒自己將難聽的話留在嘴裡，這是爲人處世最基本的氣度。

紀伯倫說：「讓愛成為靈魂兩岸之間流動的海洋。」

唯有改變彼此針鋒相對的態度，才能讓人與人之間的關係，以愛相繫，而非以恨連結。

細細品嘗人生真味

人只有放慢腳步，才能品嚐出人生的滋味。走，是為了到達另一個境界；停，是為了欣賞人生。

讀書的時候，有過這麼個實驗，要我們吃一口白米飯，在嘴裡嚼上三十下，因爲其中的醣類——澱粉、葡萄糖等成分，被唾液分解出來，所以原本沒什麼味道的米飯，會在嘴裡慢慢地泛出淡淡的甜味。

同樣的，許多營養師總會勸人吃飯的時候多多細嚼慢嚥，既可品味食物的原味，又有助於消化，一舉多得。

日本有一個極受歡迎的節目，要人比賽食量，看看在規定的時間裡，誰吃得最多，誰又吃得最快。選手們爲了奪得獎金，莫不使出渾身解數，又快又猛地把食物塞進口裡，呑進肚裡。一道道看來美味至極的各地美食料理，一次又一次地挑戰選手的胃量極限。

只是，每一次看到選手們囫圇呑棗的模樣，看著桌上一片狼藉，看到有些人瘋狂地在最後一秒將盤內食物死命地塞入口中，在鈴聲響起後全數吐出的景象，不免令人納悶，這樣算不算一種糟蹋？

試問，把一碗好麵唏哩呼嚕地呑下肚，每口麵停留在舌頭上的時間不過數秒，這樣眞的能品嚐出其中美味嗎？

有時想想，人生似乎也是如此，等待的滋味或許令人焦煩苦惱，但是一味匆匆忙忙的過活，說不定會讓我們漏看了許多人生好景。

有位好萊塢的歌王，曾經很感慨地說：「當我年輕的時候，急急忙忙地爬往山頂，就像參加賽跑的馬，戴著眼罩拼命往前跑，除了終點的白線之外，什麼都看不見。」

他的祖母看見他這樣奔忙，很擔心地說：「孩子，別走得太快，否則你會錯過路上的好風景！」

年輕的他根本不聽她的話，心想一個人既然知道要怎麼走，爲什麼還要停下來浪費時間呢？

他繼續往前跑，一年又一年過了，他有了地位，也有了名譽和財富，以及一個他深愛的家庭。

可是，他並不像別人那般快樂，也不明白自己做錯了什麼。

他繼續說道，有一次，他擔任主角，隨著歌舞團在城外表演，當表演結束，觀衆的掌聲久久不停。這一次的表演很成功，團員們都很高興。

就在這時候，有人遞給他一份電報，是他的妻子拍來的，因爲他們的第四個孩子出生了。

突然，他覺得很難過，每一個孩子出生，他都不在家；他的妻子，獨自承擔著養育孩子的辛苦。他從來沒看過孩子們走第一步路的樣子，他們天眞的哭聲、笑聲，他都沒親耳聽過。

這讓他不得不想起祖母對他說的話……

人生說長且短，似乎轉眼間就到了盡頭，很多人卻什麼都來不及體會就離開了。爲什麼會如此？

美國發明家愛迪生曾經這麼說：「雖然我們總是嘆息生命的短促，但我們卻在每個階段都盼望它的終結。兒童時盼望成年，成年盼望成家，之後又想發財，繼之又希望獲得名譽地位，最後又想歸隱。」

這番話提醒我們，生命之所以短促，是因爲我們的迫不急待。

人只有放慢腳步，才能品嚐出人生的滋味。走，是爲了到達另一個境界；停，是爲了欣賞人生。

態度，決定事情圓滿的幅度

對自我有信心並保持虛懷若谷的心態，我們處事就能更加圓融，人際關係良好的願望也就水到渠成了。

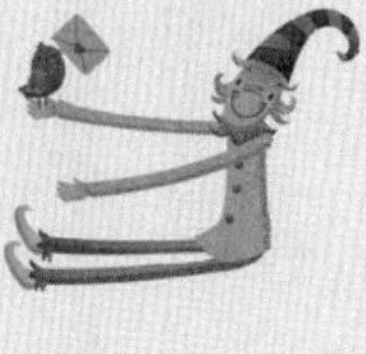

有個道理大家一定都明白，我們希望別人怎麼樣對待，我們得先怎麼對待別人。只不過，說起來很容易，做起來也不算困難，就是容易忘記。還好，只要能及時發現，及時改善，也就爲時未晚。

有一位資深的名醫，醫術相當高明，旗下有一大群年輕醫生，都是他的學生。

其中，有一位年輕醫生特別受他喜愛，後來更因為工作認眞，所以成了老醫生的得力助手。

他們的診所名聲相當不錯，吸引了許多慕名求醫的病患，由於病患的人數日漸增多，而年輕醫生也漸漸能獨當一面，於是老醫生便決定兩人分開看診，以免讓病人等待時間過長。

可是，過了一段時間，指名年輕醫生看診的病人越來越多，而老醫生門前掛號的人數則明顯減少。

雖然情況不至嚴重到使兩人反目的狀態，但是老醫生心裡不免納悶，學生的醫術明明不如自己精純，名氣也比不上自己，爲什麼反而受到病患信賴呢？

他的一位朋友於是就這個狀況進行調查，發現問題出在問診的過程。

經過仔細觀察，這位朋友發現，年輕醫生知道自己的經驗不夠豐富，所以問診的時候特別小心仔細，每一個細節都很注意，與病患之間的互動也比較多，病患的心防解除，問題也容易談得比較深入。

年輕醫生的態度讓病患們覺得自己很受重視，便益發相信醫生的處方有效果，心靈的力量加乘了醫療的效果。

但反過來看，老醫生在問診的時候，由於經驗豐富，加上判斷病情的能力專業，看診的速度相當快，望聞問切的工作，往往才做了前面兩種，他就能推測出梗概，然後對症下藥。

雖然老醫生醫術高超，但是臉上的表情卻因爲過於僵化而顯得冷漠，病患雖然信賴他的醫療，卻感覺他對他們的痛苦完全不在乎。

明明是專業的醫療過程，卻反而被病患誤會成「漫不經心、草草了事」，多冤枉啊！老醫生聽完朋友的這番分析，這才拍著額頭說：「對喔！我怎麼都沒有發現！」

只是態度上的差別，就造成了如此兩極的感受，不得不令人驚訝態度所產生的影響力。

我們都知道，心靈的力量足以勝過藥物的力量。所謂心理影響生理，病患的求生意志強烈，藥物在他的體內就能發揮更高的效果，戰勝病魔的機會就會大增。

用對待自己親人的態度來對待他人，我們也會受到如親人般的對待。能夠以同理心看待別人的心情，自然比較容易博得別人的信任，更能依此運用到心靈的強大力量。

當我們覺得自己的實力不足的時候，我們當然會虛心去學習，自然就會對人表現出謙遜的態度。但當我們認爲自己學有所成的時候，就可能因爲過度自信，而變得有點目中無人。這是非常危險的，驕者必敗的道理我們不是不懂，卻很容易疏忽，一旦忘了考量人的心態，就不易了解對方的想法，就容易和人產生距離，也就容易產生誤解。

對自我有信心並保持虛懷若谷的心態，我們處事就能更加圓融，人際關係良好的願望也就水到渠成了。

不要成為慾望的奴隸

如果我們對於慾望過度迷戀、過度貪求，那麼我們便會成了慾望的奴隸，耗費精力不斷追求，永遠不能滿足。

聖嚴法師曾經說過一個我們共同的現象：「需要的不多，想要的太多。」

每個人的內心都充滿慾念，慾念對我們的影響力，不可謂不深遠，可以說人的所有行動都起源於「慾望」。

禪宗六祖慧能曾經留下智慧的話語：「菩提本無樹，明鏡亦非台，本來無一物，何處惹塵埃？」道盡了佛家的中心思想「四大皆空」，一旦心靈眞正淨空，眞純的本心，又如何能被外物所影響呢？

或許，這就是悟道者與凡人之間的不同吧！

有這麼個故事，一位立志禁欲苦行的修道者，只帶了一塊布當作衣服，便離開他所住的村莊，到無人居住的山中去隱居修行。

可是，當他身上的那塊布髒了要洗的時候，他需要另一塊布來替換，於是他只好下山回到村莊裡，乞討一塊布來換洗。但是，有了這塊布，他的生活也隨之起了變化。

在他打坐的時候，來了一隻老鼠，啃咬那塊準備換洗的布，爲了趕老鼠他常常被迫中斷打坐的課程，這件事讓他相當困擾。但是，他早就立誓不殺生，也不願意去傷害那隻老鼠，於是他只好再回到村莊裡，向村民要來一隻貓，好讓貓來捉老鼠。

有了貓，就得餵貓，於是他只好再要來了一隻乳牛，好有牛奶給貓喝；有了牛就得照顧牛，於是，他只好再找了個流浪漢來看牛。

最後，流浪漢日子過得寂寞，竟要求修道者為他討個老婆，修道者心想，確實是不能逼流浪漢和他一樣禁慾修行，所以就同意了他的要求……

可想而知，不到半年，整個山莊都搬到山上去了。

法國作家莫泊桑在《橄欖田》裡寫道：「人生森林裡的迷人歧路，原是由人類的本能和嗜好，以及慾望所造成的。」

人生最重要的事是讓精神世界獲得滿足與發展，但是，永無歇止的慾望卻讓我們的索求越來越多，終至讓整個心靈填滿物質需求。

對我們來說，想要心靈真正的淨空，是極難的事，因為我們無法斷絕心中的慾望，當然也無法與世俗分離。

因為如此，我們得群居生活，也得相互合作。就是這樣，我們很難什麼事情都自己來，我們也很難離群索居，就像那名修道者，除非可以將心中的所有慾望全然摒除，否則就切不斷與世俗之間的連繫。

只要有慾望就會產生需求，我們就會被需求給牽絆住。

然而，這並不是一件壞事，因爲對事物有所需求，我們才有追求的動力，人類社會也才會不斷進步。

因爲我們想要花費比較少的力氣以獲得比較多的收穫，這樣的需求，讓我們發明了各種便利的工具，這也是人類之所以有別於萬物的原因。

但是，如果我們對於慾望過度迷戀、過度貪求，那麼我們便會成了慾望的奴隸，耗費精力不斷追求，永遠不能滿足，即使追求到了，也可能成了我們受制於人的罩門。

PART 5

強顏歡笑
沒有什麼不好

笑臉引笑臉，愁容帶愁容；
你想要過得愉快還是哀愁呢？
選個表情裝上臉吧！
別忘了，假裝久了是會「弄假成真」喔！

強顏歡笑沒有什麼不好

笑臉引笑臉，愁容帶愁容；你想要過得愉快還是哀愁呢？選個表情裝上臉吧！別忘了，假裝久了是會「弄假成真」喔！

變遷快速的現代社會，職場上的激烈競爭，緊張焦慮的生活型態，很多人都或多或少有著心理壓力方面的困擾；如果不能夠適時找到紓解心理壓力的管道，日積月累下來，很容易就會堆積成病。

有憂鬱傾向的人，更可能產生病理性的問題。

想要活得健康舒適且充滿活力，非得消除心中諸如敵對、嫉妒、怨恨、懊悔、不安、挫折……等種種負面因素不可，所以，隨時清空心裡積壓的垃圾是有其必要性的。

這裡有幾則練習技巧，例如經常培養好心情，認清壞心情的背後那些垃圾思想和消極情緒，一定要把它們掃地出門；多讀勵志書籍，它能教給我們許多改變情緒的好方法。

除此之外，注意儀容，走路挺直身軀，抬起頭來，衣著端莊，都可以帶給我們精神上的鼓舞。

最重要的是，努力保持開心的笑容，即使是「強顏歡笑」也無妨，因為委靡不振的表情，是招惹霉運的根本原因。

有位女士整天愁眉不展，過著焦慮的生活，縱使一點點小小的事情也能使她感到不安與精神緊張。

小孩的考試成績不好，往往就能令她憂心一整天，而先生回家時偶爾幾句無心的話語，也會令她黯然神傷。

她說：「幾乎每一件事情，都會在我心裡盤旋很久，然後全部變成壞心情，繼續困擾我，幾乎影響了我的生活和工作。」

有一天，她工作上有一個必定要參加的重要會議，但是，那天沮喪的心情已經纏繞了她一整個上午。

會議之前，她拿出化妝鏡看了看自己鏡中的面容，不禁被那張無精打采的慘白臉孔嚇到了。

她打電話給她的好朋友，焦急地說道：「怎麼辦？我的心情沮喪、模樣憔悴，一點精神活力也沒有，怎麼應付得了那場重要的會議？」

她的朋友想了一下，告訴她一個有效的方法：「現在立刻把那些令妳沮喪的事情放下，別再想了。去洗把臉，把無精打采的愁容洗掉，再補個妝、刷刷睫毛膏，讓妳看起來有自信一點。然後，想像自己是全天下最快樂、最得意的人。記住，就算是裝也要裝出來，只要妳一直保持開心、充滿自信的樣子，好運也會跟著來的。」

雖然聽起來很簡單，但做起來是何其困難啊！可是這一場會議實在太過重要了，重要得讓她不得不背水一戰。於是，她鼓起勇氣，抱著破釜沉舟的決心，照著朋友的建議去做了。

當天晚上，她興奮地打電話給朋友，開心地說：「這個方法眞的有效，會議進行得很成功，我爭取到那個新計劃和新工作。想不到強裝信心，信心眞的會來；我發現，就算是假裝好心情，只要保持在那樣的狀態，壞心情也會自然消失。」

的確，改變情緒，才能改變思想和行爲；相對的，一旦思想改變，情緒也會跟著有所轉變。

美國牧師作家艾德華．海爾曾經這麼說：「不要庸人自擾。自尋煩惱的人總在憂愁：過去的困頓、眼下的麻煩，與即將到來的問題。」

學習在危機中保持冷靜，在緊張時適時給自己鬆弛的機會，如深呼吸、運動、靜坐、旅行……等等，都能有不錯的成效。

無論如何，只要能保持開朗且積極的心情，就會讓每天的生活過得比較愉快，即使是假裝的也一樣有效。

心理學家做過實驗，對著剛出生的嬰兒，如果扮出憂愁哀怨的表情，不用多久，那個嬰孩就會跟著眉頭皺緊，說不定還會大哭出來。相反的，如果對著他們扮笑臉，他們也會咧開嘴角，露出可愛的笑容。

所以說，笑臉引笑臉，愁容帶愁容，你想要過得愉快，還是活得哀愁呢？選個表情裝上臉吧！別忘了，假裝久了是會「弄假成眞」喔！

心中有陽光，就能開啟友誼之窗

對人保持善意，通常是打開友誼之窗的契機。如果我們心中有陽光，那我們所看到的就會是光明的那一面。

不知道大家有沒有發現，所謂的第一印象和先入爲主的觀念，對我們在處理人際關係的時候影響非常大。

有時候，我們一看到一個人就很喜歡，很希望能認識他，和他接近；也有時候，我們看到一個人就討厭得想避而遠之，巴不得永遠碰不到頭。第一印象決定了兩人之間的互動模式。

這可說是我們的本能之一，可是這樣的本能卻有著盲點，第一印象並非代表這個人的全部，如果預設立場因此受到蒙蔽，很可能會犯下「以貌取人，失之子羽」的遺憾。

能夠跳脫「以貌取人」這樣的本能，以開闊的心去看待每一個人、每一件事物，是極爲難得的。

很早以前，在一個偏遠山區裡，住著一位小有名氣的雕刻師傅。附近村莊的寺廟長老很欣賞師傅的手藝，特地邀請他去雕刻一尊菩薩像。

要到達那村莊，必須越過一個山頭與森林，可怕的是，傳聞中這座山經常「鬧鬼」，那些想越過山頭的人，若夜晚仍滯留在山區，就會被一個極爲恐怖的厲鬼殺死。因此，許多親人、朋友就力勸雕刻師傅，等隔日天亮時再啓程，免得遭到不測。

不過，師傅深怕太晚動身會誤了和別人約定的時辰，隨即感謝大家的好意而隻身赴約。走著走著，天色逐漸暗淡，月亮、星星也都出來了。師傅突然發現前方有一位女子單身坐在路旁，一身慘白，腳上草鞋磨破了，神情看起來似乎十分疲倦、狼狽。於是，師傅走上前去探詢問她是否需要幫忙，當師傅得知該女子也是要翻越山頭到鄰村去，就自告奮勇地背她一程。

月夜中，師傅背著她，走得汗流浹背，停下休息時，女子問：「難道你不怕傳說中的女鬼嗎？爲什麼不自己快點趕路，還要爲了我而耽擱時間？」

「我是想趕路呀！」師傅回答：「可是，如果我把妳一個人留在山區，萬一妳碰到危險怎麼辦？我背著妳走，雖然很累，但至少彼此有個照應，可以互相幫忙啊！」

趁著明亮的月色，師傅看到身旁有塊木頭質地極佳，就拿出隨身攜帶的鑿刀工具，看著女子而後一斧一刀地雕刻出「一尊人像」來。女子問：「師傅，你在雕什麼？」

「我要替一座廟宇雕刻一座菩薩像，我覺得妳的容貌很慈祥，就想按照妳的容貌來雕刻。」

女子聽完竟哭得淚如雨下，因爲她就是傳說中的「恐怖女鬼」。多年前，她帶著女兒經過這座山的時候，遇著了惡人，雙雙受辱被害，悲痛至極的她決心化身厲鬼，專在夜裡害人性命。而今這名雕刻師傅竟說她容貌慈祥，還要以她做爲雕刻菩薩像的範本，剎那間仇恨的情緒，在她心頭化解。

在女子身影消失之際，厲鬼傳說也消失無形了，因此在這一天之後，再也沒有人遇見傳說中的女鬼了。

所謂「見山是山，見水是水；見佛像佛，見鬼成鬼」，我們心裡怎麼想，就會在別人身上看到，那是因爲我們希望看到這些，所以我們也只看這些。其實，表象都是人的心理作用，當我們一味想以兇猛的外表嚇阻別人的時候，我們也會被別人兇狠的表情嚇到。

也就是說，當我們認爲這個人是惡人的時候，相處的時候，就會在對方身上努力找缺點，以符合我們心中的期望，完全忽略這個人身上其實也有不少優點。而當我們決定喜歡一個人的時候，就絕對看不到他的任何缺點。既然如此，我們何不善用這個本能來積極改善我們的人際關係呢？

每個人都喜歡得到朋友、受人喜愛，所以對人保持善意，通常是打開友誼之窗的契機。要使自己能對人保持善意，第一要件就是要有一顆開放的心靈。不要因爲外在或第一印象就在心裡設下偏見，儘量只看對方的優點，這樣就不至於讓自己的防衛過當，表現出來的態度就會是可親而非不可親近。

將善意的球投擲出去，丟回來的也會是善意，當你對人抱以微笑，別人總不會立刻惡言相向，畢竟「伸手不打笑臉人」嘛！

就像故事中的雕刻師傅，我想他不見得不怕鬼，但是，他對待別人的態度，讓鬼沒有辦法化出惡鬼的面貌，既然「鬼臉」都已經成了「菩薩的面容」，又有什麼好怕的呢？當然他就能全身而退了。

如果我們心中有陽光，讓自己成爲一個發光體，那麼，我們所看到的就會是光明的那一面。

把握機會認真活過每一天

一味地緊張、慌亂，做什麼都一定會失敗。充滿自信樂觀地面對問題，說不定解決方案就會在下一秒中浮現呢。

印度詩人泰戈爾說：「我存在著，是一個永恆的奇蹟，那就是生命。」

而法國啓蒙時期作家伏爾泰則這麼說：「人生就像一場海難，別忘了在救生艇上引吭高歌。」

這樣的豪情與自信，確實令人欣羨。能夠如此作想的人，又有什麼生命的難關打得倒他呢？

有些人認爲自己年紀大了，來日無多，便陷入「混吃等死」這種自我憂鬱的困境之中，這種變相自我毀滅的做法，只是會讓死日提早來報到罷了。

沒有什麼事是解脫不開的，重要的是能不能抱持著樂觀積極的態度生活。

從前，有一個死刑犯被國王下令斬首。

這個死刑犯並沒有哭天喊地地求饒，而是對國王說：「國王陛下，你先不要斬我的頭，只要你給我一年的時間，我就能夠使你的馬飛起來。」

國王當然不相信他的說詞，但是看他一臉自信的樣子，又不免有些懷疑。想了又想，國王覺得反正也沒有什麼損失，他也不信死刑犯有膽量敢逃走，於是便答應了。

死刑犯回到家中，他的朋友前來探望他，然後偷偷問他：「你真的有辦法讓馬飛起來嗎？」

死刑犯臉帶神秘地說：「這你就有所不知了，這一年當中，有三種情況會發生，第一種是國王死了，那麼他就無法斬我的頭；第二種是我先死了，那他斬了我的頭也沒差；第三種是，這匹馬說不定眞的有可能會飛起來。反正，生命中的每一天都可能有奇蹟發生。」

這個故事說明了，人要用積極的態度面對情勢，不但要懂得爲自己把握機會，還要懂得爲自己創造機會。

故事中的死刑犯就算一年後沒辦法讓國王的馬飛起來，最差的結果也不過和現在一樣，不可能再糟了，不過早死晚死的差別，但是他這個計謀卻讓他多得了一年的生命。

所謂「留得青山在，不怕沒柴燒」，誰知道一年後又會是什麼光景呢？最低限度，也可以讓他多過一年的精彩，怎麼想他都有得賺。

所以囉，如果遇到事情只是一味地緊張、慌亂，悲觀地認爲大勢已去，那麼做什麼都一定會失敗。

反過來，充滿自信樂觀地面對問題，說不定解決方案就會在下一秒中浮現呢。

詩人勃朗寧的詩句說得極好：「且偕我同登壽域，喜來臨勝境正多，問一生晚景如何？看青春如何渡過。」

到了人生晚景就應該悲觀地等待死亡來臨嗎？

那可不一定，晚年的享受應該與青春一樣多，甚至勝過青春，所以學學勃朗寧以頌讚的想法來看待吧，喜來臨的勝境正多，晚景自然也能享有人世間豐富充實的時光，不需爲未來的恐懼和徒然的懊喪浪費時間。

只要積極地度過每一天，人生長或短又有何關呢？

認眞地活過，不論人生長短都是耀眼精彩，那就是一段有意義的生命價值。

心存感激，善用每一個契機

當奇蹟出現時，我們要心存感激，善用每一個新契機。一旦度過這個不幸難關，有朝一日，也要為他人帶來奇蹟。

美國小說家凱薩琳．安．波特曾經這麼寫道：「奇蹟總是突如其來的。它們不受召喚，而是自動來到，而且往往在意想不到的時刻，降臨在沒有預期的人身上。」

在我們的生命之中，困難與阻礙總是會突然出現，打擊我們的信心。我們或許會感到絕望，或許會失去目標而茫然無助，但只要能堅定自己的信仰，持續堅持下去，也許奇蹟就會在下一刻出現。

不是有人說過：「當上帝關上了某一扇門，必定會爲你開另一扇窗」？永遠不停止希望，而要放寬我們的眼界，只要把握每一個機會，奇蹟就會在我們的生命中出現。

一個貧窮的男孩爲了賺取學費，挨家挨戶地推銷商品，可是一整天下來，一樁生意也沒做成。從早上到現在什麼都沒吃的他，幾乎要餓得走不動了，翻遍了全身的口袋，卻只找到一枚硬幣，連買塊麵包都辦不到。

走投無路的他，只好決定向下一戶人家乞討一點食物，來塡飽肚子。

可是，當那扇門打開的時候，走出來一位衣著光潔、面容美麗的妙齡少女，看得讓他自慚形穢，怎麼也說不出要飯的字眼。男孩猶疑了半晌，只敢向少女討杯水喝。

少女見他飢餓虛弱的模樣，沒有遲疑就回到屋裡倒來了一大杯牛奶。男孩靜靜地喝完牛奶，紅著臉低聲地問：「請問我應該付多少錢？」

少女嫣然一笑，說道：「一分錢也不用付。我媽媽教我們，對人要施以愛心，不圖回報。」

男孩站挺了身子，真摯地望著少女，說道：「那麼，就請接受我由衷的感謝吧！」他行了個禮便離開了這戶人家。

當他離開時，已不再像剛來時那般沮喪，心中已經重新生出勇氣。他彷彿再度看見了上帝仁慈的微笑，原本打算放棄學業的他，決心要堅持到底，闖出一番事業來。

多年以後，少女長大了，卻意外罹患一種罕見的怪病，當地的醫生全都束手無策，最後只得轉到城市裡的大醫院，謀求一線生機。

一位知名醫生也參與了醫療團隊，當他看到病患的時候，立刻認出她就是當年給予他一線希望的恩人。

於是，他下定決心，無論如何也要為她向病魔宣戰，經過一段艱辛的過程與努力，手術終於順利成功了。

當病人收到醫療費的通知單時，不禁愣住了，因為那是一張醫院開立全數繳清的收據，上頭另外寫著一行小字「醫療費用：一大杯牛奶」，底下正是那名醫生的署名。

在我們求助無門、惶然無依的時候，能夠及時拉我們一把的那隻手，就是一個奇蹟。那可能是母親撫慰的雙手，也可能是一杯牛奶。

英國小說家狄更斯說：「珍惜眼前的幸福，每個人都擁有許多；莫要追憶過去不幸，人人多少都有一些。」

這是個由一連串的奇蹟所組成的故事，告訴我們，當奇蹟出現時，我們要懂得珍惜，心存感激，善用每一個新契機。

一旦度過這個不幸難關，有朝一日，也要爲他人帶來奇蹟。如此循環，幸福和善意所構成的奇蹟，便能源源不絕地在你我生命中流轉。

放低姿態不代表失敗

不用急於告訴別人自己有多好，只要夠好，別人一定看得到；也不用告訴別人他有多差，因為他自己會露出馬腳。

不知道大家有沒有發現，當我們的膝蓋略略彎曲，將身體重心平均放於兩腳，移動的速度會比兩腳筆直站立時來得快速。這代表著，我們面對攻擊時，以這樣的姿態回防，反應力也會比較高。

要練武術，首先得學紮馬步，馬步踩得穩，別人就攻不了你的下盤；馬步虛浮，輕輕一推一絆，就得摔得狗吃屎了。在跆拳道裡有個招數，就是當攻擊迎面而來的時候，立刻屈膝低頭，閃過對方的拳頭飛腿，然後趁對方來不及防備時朝他的腳一掃，如果對方反應不足或馬步不穩，就會即刻倒地。

由此可見，偶爾放低姿態，不見得就代表認輸，而是以另一種方式還擊。

崢嶸一時的前英國首相丘吉爾退出政壇後，有一次騎著腳踏車在路上閒逛。恰巧，也有一位女士騎著腳踏車，從另一個方向急駛而來，由於煞不住車，直直地撞上了丘吉爾。

「你這個糟老頭到底會不會騎車？」這位女士惡人先告狀地破口大罵：「騎車不長眼睛嗎？……」

丘吉爾溫和地道歉：「對不起！對不起！我還不太會騎車，看來您已經學會很久了，對不對？」

這位女士見對方如此低姿態，反而有一點不好意思，再仔細一看，眼前竟然是偉大的首相，頓時羞愧得無地自容，囁嚅地說道：「不……不……我是半分鐘之前才學會的……教我如何騎車的就是閣下您。」

曾以首相之尊治理國家的丘吉爾，他的能力衆所矚目，但他並不以自己的威權來欺壓別人，只不過在面對他人無理對待的時候，他朗朗的氣度，便自然地顯露了出來，一句話反而讓對方自覺羞愧，無地自容。

謙遜，不是退縮，而是謹慎行事；不是不前進，而是不躁進。

莎士比亞認爲：「智慧越是遮掩，越是明亮，像美貌因為蒙上黑紗而十倍動人。」我們不用急於告訴別人自己有多好，只要我們夠好，別人一定看得到；我們也不用告訴別人他有多差，因爲他自己會露出馬腳。

每天，我們都會遇見不同的人，不同的事，面對不同的狀況，我們需要針對每一件事做出不同的反應。這個世上，總有些人認爲自己高過其他人一等，所以態勢囂張，不顧一切先發制人，反正先把對方踩在腳底再說。這樣的人或許能得到了一時的勝利，卻忘了自己只剩一隻腳站在地上，等別人猛地站起身來時，他可能就不得不摔跤了。

適時停下腳步，才能修正錯誤

花點時間反省自己的所作所為，還有哪些錯誤需要修正，還有哪些優點需要學習，如此才能到盡善盡美的境界。

有人說，人生就是積極地追求，爲了達成目標，要不斷地向前衝刺，持之以恆，終有成功的一天。

只是，人生跑道並不見得筆直暢通，有時也會有阻礙出現，光是蒙著頭向前，衝刺的速度過快，一旦目標有點偏頗，可能就會失之毫釐，差之千里，甚至被路上的石塊絆得四腳朝天。

遇上彎道，就得緩下腳步，慢慢修正，直到校正目標無誤再急起奔馳，才不會因誤入歧途而白白浪費時間。

修正腳步和移除障礙的方法，就是自我反省。

自我反省，是爲人爲學不可缺少的功夫，因爲我們得要檢討過後，才能得知自己究竟收穫了多少，還有什麼缺點需要補足。

被日本人譽爲「劍聖」的宮本武藏在劍道、禪道和兵法謀略方面都有相當高深的修爲，他曾說過一番見解，頗値得我們再三咀嚼。

某天，有位劍客特地來向宮本武藏拜師習藝。

他向宮本武藏請教：「以學生的資質，需要多少時間才能學有所成？」

宮本武藏回答：「十年。」

徒弟又問道：「如果我加倍練習，日以繼夜地練習，又要多久時間？」

宮本武藏再次回答：「二十年。」

徒弟不解地再問：「爲什麼我加倍練習，花的時間反而更長呢？」

宮本武藏答：「想要成爲一流的劍客，就必須有兩隻明亮的眼睛，一隻眼睛用來看外在，另一隻眼睛則用來看自己。如果你日以繼夜地練劍，哪有時間看自己呢？」

法國作家蒙田在《隨筆》裡寫道：「**我們非常需要敏銳的耳朵，坦誠地聽取自我裁判。**」

這是因爲發現別人的缺點容易，發現自己的缺點卻很困難，如果我們不強迫自己去做反省的工作，很容易陷入自我滿足的虛妄，久而久之連自己哪裡做錯了都不知道。

人要每天花點時間反省自己的所作所爲，還有哪些錯誤需要修正，還有哪些別人有的優點需要學習，如此才能將自己修養到盡善盡美的境界。

所以，在我們積極追求我們人生目標之時，偶爾也要停下腳步，確認一下自己的方向無誤，如此才能順利避開那些障礙，成功抵達目標。

展現特色就會出色

打扮與裝飾，是為了加分而做的，如果運用過度便會流於匠氣，甚至掩蓋了本身的內涵，使自己變得庸俗。

百貨公司一到了周年慶，就成了可怕至極的人間戰場。怎麼說呢？一大堆人搶著購買折扣化妝品和衣服，人潮擁擠的盛況，爭相搶購的模樣，不下於戰爭的場面。購買力之高，成交量之大，完全讓人看不出經濟不景氣的痕跡。

每個人都愛美，女爲悅己者容，男人更希望自己的老婆、女朋友擁有賞心悅目的容貌；緊抓住這個心理，化妝品及美容業者大行其道，讓許多人心甘情願地掏出腰包，搶購一個期待包裝美麗的夢想。

只是當我們在臉上、身上無所不用其極地裝扮，是否曾經想過也有其他的方式可以呈現出我們的美感？當我們被化妝品、緊身衣包裹得透不過氣來時，會不會想要拋開這一切人工的束縛，讓我們的身體和心靈都好好地喘口氣？

完全拷貝流行的裝扮，到底是會讓我們眞的變美，還是變得不倫不類？

先來看看以下這個故事。

從前，有一個皇帝想要將京城裡的大寺廟整修得既美麗又莊嚴，因而派人四處尋找技藝高超的設計師，希望能夠將寺廟整修得既美麗又莊嚴。

經過一番篩選後，終於選定了兩組人馬，分別是京城裡最有名的工匠畫師和一群以廟宇爲家的和尙。

兩組人馬的理念與做法都不盡相同，使得皇帝無法決定到底哪一組的手藝比較好，於是想出了一個辦法。他要求和尙與工匠畫師分別先去整修兩座小廟宇，看看誰的功力較強，誰就能獲得整修大寺廟的資格。

皇帝下令無限供應兩組人馬整修的建材，工匠畫師要求了上百種顏色的漆料，開始大興土木，但和尚卻只要了抹布、水桶等清潔用具。他們各自依自己的想法去整修廟宇，皇帝要求三天後要驗收。

三天一到，皇帝偕同官員一行浩浩蕩蕩地來到小廟，首先看到工匠畫師們的成果，所有的顏色都被精妙地運用其中，整座廟宇看來金碧輝煌、光彩奪目，令人嘆爲觀止，不得不佩服工匠畫師們的巧手確實不凡。

接著，皇帝來到了和尚們整修的寺廟，目中所見完全出乎他的預料，在場的人都驚訝得說不出話來。

寺廟本身並沒有太大的變動，只見裡外四周的雜草雜物全被移走，牆壁樑柱也沒有重新粉刷油漆，和尚們只不過將整座寺廟的裡裡外外，徹頭徹尾地打掃刷洗得乾乾淨淨，讓每一件物品都顯露出它們原來的顏色。

每一件物品的表面因爲沒有任何塵埃髒污覆蓋，彷彿披上了一層自然的光影，在陽光的照耀下，像鏡子般地反射出各種色彩。天邊的雲彩、搖曳的樹影，就連對面工匠畫師裝修好的璀璨廟宇，也成了其中的一抹亮麗的光影。

皇帝被這樣的景象感動了，小廟沒有華麗的裝飾，只有著最純粹的本質，但卻綻放出耀人的光輝。

打扮與裝飾，是爲了加分而做的，如果運用過度，便會流於匠氣，甚至掩蓋了本身的內涵，非但失去了原味，也使自己變得庸俗不堪。

工匠們技巧過人，卻忽略了寺廟的本質，所以即使將寺廟裝飾得比皇宮還富麗堂皇，卻突顯不出寺廟的莊嚴。和尚們或許沒有雕樑畫棟的功夫，卻深知寺廟應有的模樣，將所有掩蓋光彩的髒污徹底去除，更借力使力創造出加乘的效果。

眞正的美，不在於外在的妝點技巧，也不在於搭配多少名貴物品，而在於恰如其分地展現出個體的本質。錦上添花，可能會增添許多美麗的光彩，但細心琢磨，也可能揭露出眞實的光輝。

不太懂的，千萬別裝懂

「沒有知識要有常識，沒有常識就要懂得掩飾」，最好的方法就是閉嘴，不懂就別裝懂，也別以為沒有人比你更懂。

法國思想家盧梭在《愛彌兒》一書中如此寫道：「偉大的人物過人之處越多，他們越認識到他們的不足。……而無知的人總以為他所知道的事情很重要，應該見人就講。」

這段話正如俗話所說：「一瓶水不會響，半瓶水響叮噹」，越是豐碩飽滿的稻穗，越是低頭，而抬顎仰視的麥稈，結的穗實肯定空心居多。

我們可以見到，才識、學問愈高的人，在態度上反而愈謙卑，因爲他們知道自己還能精益求精，更上一層樓。也正因為如此，他們往往具有容人的風度和接受批評的雅量。

可是，偏偏那些只學了皮毛的人，特別愛把他所知道的掛在嘴上，鎮日到處炫耀，一旦碰上了個貨真材實料，就得露出馬腳，無地自容了。

十九世紀的法國名畫家貝羅尼，有一次到瑞士去渡假時，每天仍然背著畫架到各地去寫生。

有一天，他正在日內瓦湖邊用心畫畫，旁邊來了三位英國女遊客。她們看了他的畫後，便在一旁比手畫腳地批評起來，一個說這兒不好，一個說那兒不對，貝羅尼都一一點頭，末了還跟她們說了聲：「謝謝！」

第二天，貝羅尼又在車站看到昨天那三位婦女，而那三個英國婦女也看到他了，便朝他走過來，問他：「先生，我們聽說大畫家貝羅尼正在這兒渡假，所以特地來拜訪他。請問你知不知道他現在在什麼地方？」

貝羅尼朝她們微微彎腰，謙虛地回答說：「不敢當，我就是貝羅尼。」三位英國婦女聽了大吃一驚，想起昨天自己那些不禮貌的舉動，一個個紅著臉跑掉了。

在我們的生活周遭，許多人就像這三名婦人，明明沒有那麼學識淵博，偏偏愛發表議論，讓人戳破了牛皮，非但顏面掃地，還留人笑柄。

認爲自己無所不知的人，最是無知，因爲他們連自己的無知都不知道。

自以爲是，是最要不得的想法，怎麼說呢？一旦自己覺得自己很懂，整個心都被自滿的心態塡滿，就不會有多餘的空間來修正自己的錯誤，當然也就不可能有進步。

這樣能算是眞的懂嗎？

不管哪一門學識，都不會有其窮盡之處，相信也沒有人敢說自己對某一學科已經完全了解，因爲每一項學問，越是深入研究，就會發現還有更多不爲人知的奧秘，根本學都學不完呢！

如果有人敢說自己完全了解，那他一定學得還不夠多。我們對於自己並不在行的事情，就不要隨便發表議論，聽在專家耳裡，不是益發顯得自己膚淺嗎？

貝羅尼就深明這個道理，即使他的畫作功力已經得到世人的認可，卻仍能虛心接受別人的批評與指教。

別人稱他爲偉大的畫家，但他自己卻不會這麼說，他只是一個不斷琢磨自己畫技的畫家。當然，這也是他之所以偉大之處。

虛心，是進步的重要助力，別忘了，我們要先屈膝才能跳得高，而且我們就算跳得再高，也觸摸不到天的邊界，又憑什麼驕傲自滿呢？

有句話說得俏皮，「沒有知識要有常識，沒有常識就要懂得掩飾」，所以，最好的方法就是閉嘴，不懂就別裝懂，也別以爲沒有人比你更懂。

PART 6

有主見，才能做出正確的判斷

堅持自己的主見，傾聽他人的意見。
如此一來，
我們就能夠判斷出什麼才是問題的癥結，
也才明白什麼才是真正的答案。

不要再做「單身寄生蟲」

父母輩總有一天會衰老死亡，這些寄生蟲如果不醒悟，該怎麼活？他們如果不設法自己活下去，要付出多大的社會成本？

曾經有個新聞令人感到驚異，警方在街上發現一名年僅二十九歲的遊民，身強體健、有手有腳，卻不想工作，寧願當個露宿街頭的遊民。聽到這個消息，不禁令人憂心現代的年輕人到底在想些什麼？

你聽過「單身寄生蟲」這個名詞嗎？

提出這個概念的日本教授認爲，年過三十，從學校畢業之後一直住在父母家，生活各方面都不獨立的未婚男女，就像寄生蟲一樣永遠依附在父母的羽翼之下。

據了解，在日本「單身寄生蟲」已有越來越多的趨勢，這個現象頗爲引起社會學者的關注。

在我們的社會裡，似乎也可以找尋得到「單身寄生蟲」的蹤影。

越來越多的青年男女不想結婚，因爲他們不明白結婚到底有什麼好處，結婚、成立自己的家庭，似乎意味著要承擔更多的責任。而現在和父母住在一起，吃住靠父母，自己賺來的錢還可以買名牌、四處遊山玩水，比結婚、養孩子來得快活多了。

有人說這些「單身寄生蟲」之所以能夠存活，其實他們的父母大都要負起大部分的責任，因爲現代人孩子養得少，如果孩子全部離家獨立，父母親多少會有被遺棄的孤單感覺，所以就算孩子已經成年，父母親也不會逼迫他們一定要離家生活。

但是，被驕寵慣了的孩子並不見得會感激父母的辛勞，他們賺取的所得，並不是用來回饋家庭開銷，用得不夠乾脆再向父母開口，常常認為從父母身上獲得是理所當然的事。

父母就算生氣、怨嘆、悔恨自己的孩子不長進也是徒勞，因為這些孩子已經寄生慣了，難道還棄他們於不顧？

父母若一時心軟，這些孩子永遠不會有所改變。

更可怕的是，就算結了婚、生了小孩，很多人還是沒有脫離寄生蟲的行列，小孩帶回家給爸媽養，出現更多小小寄生蟲。

只是，我們該擔憂，父母輩總有一天會衰老死亡，那這些寄生蟲呢？他們如果不醒悟，該怎麼活？他們如果不設法自己活下去，我們的社會要付出多大的社會成本？

在一棵高聳的大松樹下，有一朵看似弱不禁風的小花。

這朵小花非常慶幸有棵大松樹成為它的保護傘，為它避風擋雨，自己可以每天高枕無憂。

有一天，突然來了一群伐木工人，很快就把大樹砍倒了。

小花非常傷心，痛哭道：「天啊！我所有的保護都失去了，從此囂張的狂風會把我吹倒，滂沱的大雨會把我打倒！」

然而，遠處的小草安慰它說：「不要這麼哀怨，你想想，少了大樹的阻擋，陽光會照耀你，甘露會滋潤你，你弱小的身軀將長得更強壯，你盛開的花瓣將一一呈現在燦爛的日光下。」

我們的年輕人是不是也像那朵小花一樣，由於始終有庇護，所以永遠不需堅強不需長大。

如果大樹總是覺得小花是自己的責任，總認爲失去自己的庇護小花將無法存活，那小花只會越來越嬌弱，完全沒有自救的能力，一旦大樹眞的倒下，也將是小花滅亡的時刻。

大樹總會擔心，一旦倒去，小花還能自由自在安全地活下去嗎？或許，大樹應該認清楚一項重點，就是這個問題是小花的，不是大樹的。

無論如何，人總要學會長大，父母沒有辦法永遠保護著我們，如果不能有這一層體認，那麼等到父母離去、坐吃山空的時候，我們所遭遇到的打擊必定是加倍嚴厲、痛苦的。

要強迫自己工作，不要等到工作來強迫你。

——富蘭克林

勇於指正，勇於認錯

是非對錯的判別標準並不是依年齡經歷來區分的，我們希望養成孩子的是非觀念，自己就不能隨意變換規則。

小孩子會玩「老師說」的遊戲，當扮老師的人說出「老師說」三個字，其餘的人就得按照「老師」所說的指令行動，要是動作太慢被抓到就得當鬼！

大家都知道，剛上學沒多久的小娃兒對老師是很崇拜的，開口閉口總是嚷著：「老師說……」，彷彿老師說的每一句話都得當成聖旨來對待。

可是，隨著年齡越來越大，慢慢就會發現其實老師並沒有他們想像中的那麼厲害，因爲有時候老師說的也會是錯的，有些問題老師也不知道答案。

有個當老師的朋友就曾經這麼打趣地說，現在校園流行的是：「老師說，不要什麼事都問老師！」

當然，老師並不是聖賢，老師也會犯錯，不過能夠坦然認錯的老師，便是一位值得尊敬與學習的人。

有這麼一個例子，一位小學三年級班上的老師，不小心把學生的考卷改錯了，學生拿到考卷覺得有疑惑，便舉手向老師反應。

老師重新確認過，發現眞的是自己改錯了，於是直接將考卷訂正過後便交還給學生。老師以爲事情就這麼過去，便準備繼續進行課程教學。

但是，學生並沒有離開，反而開口說道：「老師，您做錯了，應該要向我道歉。人做錯了事，就要向別人道歉，這是您教我們的。」

學生話一出口，老師聽了不禁楞住了，頓時整個教室裡都安靜了下來。

過了一會兒，老師終於面帶微笑地向學生說：「對不起，是我疏忽了！謝謝你提醒我。」

學生這才開心地拿著考卷回到自己座位上。

後來，有人好奇地問這位老師：「你當時這樣被那個孩子糾正，不會覺得很困窘嗎？」

這位老師仍然笑著說：「窘迫當然會，但那不是針對孩子，而是對我自己的錯誤。像這樣有道德、有勇氣的學生不多，我欣賞他的勇敢。一個三年級的小學生就能夠勇敢堅持自己的認知，相信自己是對的，即使面對權威也不害怕，未來他必能勇敢地依循自己的道德標準，這是很值得鼓勵的。」

勇於承認錯誤是一種生活智慧，人都可能因爲一時疏忽而說錯話、做錯事，人與人之間也不可能沒有摩擦、齟齬，無論場面多麼難堪，都要坦然以對，試著轉換心情看待事情。

如果你是故事裡的老師，你會如何反應？會訓斥他「膽大妄爲」、「目無尊長」？還是像故事裡那位老師一樣，勇敢地爲自己的錯誤道歉？

成人的行爲是孩子模仿的對象，我們應該期許自己擁有更良好的品格，樹立一些善良崇高的標準，並切實遵行。

正如那位老師所說，一個爲正義勇敢辯護的孩子，當然應該被鼓勵支持。因爲，是非對錯的判別標準並不是依年齡經歷來區分的，假如我們希望養成孩子的是非觀念，那麼自己就不能隨意變換規則，如此才能爲孩子樹立了良好的學習典範。

不要自負，也不要謙虛。認識到自己強而有力，才能真正強而有力。

——羅歇．馬丁．杜．伽爾

用心體會生命的珍貴

生命裡的阻礙和困難總是來得令人措手不及，遺憾之所以發生是因為人往往不明白失去的痛苦，也不懂得珍惜。

常常想，我們太容易抱怨生活上的不滿，彷彿大聲哭窮喊冤就能讓眼前的現狀改變，彷彿哀聲嘆氣就有人能來替我們承擔痛苦，其實，大家很清楚，這些都只是幻想罷了。

還記得狼來了的故事嗎？那個放羊的孩子「狼來了」喊多了，最後眞的狼來了，卻沒有人會再相信他。

萬一哀愁就像那隻狼一樣，喊著喊著終於被你喊來了，卻再也沒有人願意對你伸出援手，到那時該怎麼辦呢？恐怕只能無助地遭受苦悶吞噬了。

長輩們總喜歡說「人在福中不知福」這句話，算是不屑現在年輕人沒吃過苦卻愛喊苦的模樣吧！

其實，怎麼能怪這些年輕人呢？因爲，沒有經過「失去幸福」的歷程，又怎麼會明白自己曾經「有過幸福」呢？

一艘輪船不巧遇上了大風暴，在風狂浪急的海面上翻來滾去，幾乎就要翻覆。船上有一個新來的水手，因爲是第一次乘船，不禁害怕得又哭又叫。他的喊叫聲十分淒厲，船上的人幾乎都受不了，船長聽了也很氣惱。

這時，船長身邊的大副站出來說：「船長，別生氣，這件事讓我來處理。」那位大副得到船長的首肯之後，隨即命令水手將那位船員綁起來，二話不說立刻丟入海中。

可憐的傢伙一被丟下海，更是高聲嘶喊，手腳亂揮亂舞，不小心喝了好幾口海水，樣子好不痛苦。過了一會，那位副手才叫人把他拉回船上。

回到船上後，說也奇怪，那個剛才還歇斯底里亂喊亂叫的船員，此刻卻靜靜地待在船艙一角，一點聲音也沒有。

船長好奇地問大副是怎麼辦到的，大副回答說：「在情況轉爲更加惡劣之前，人們很難體會到自身是多麼幸運。」

宋朝著名的詩人辛棄疾寫過一闋詞牌：「少年不識愁滋味，愛上層樓，愛上層樓，為賦新詞強說愁。而今識得愁滋味，欲說還休，欲說還休，卻道天涼好箇秋。」

辛棄疾說的就是年輕人愛把愁字掛在嘴巴上，彷佛能因此在自己身上添了些淒涼朦朧的美感；看在識盡愁滋味的老人眼裡，那樣的愁哪能算是愁呢？可是要自己說得清什麼才是眞正的愁苦，卻又欲語還休，說也說不清的，倒不如說說這秋日天涼的好風好景來得有意思呢。

生命裡的阻礙和困難總是來得令人措手不及，遺憾之所以發生是因爲人往往不明白失去的痛苦，也不懂得珍惜，等到失去了，也只能懊悔而已。

就像故事裡的小水手，沒見識過大海眞正的恐怖，一點小風小浪就讓他哇哇大叫，等到面臨了生死交關的危機時，才明白那不過是小小意思而已，能夠重新活著呼吸，就應該感恩珍惜了。

不過，我們沒法不經歷生命就感受生命；所以不必著急，閉上嘴，用心去感受。等到事過境遷，我們就能明白生命中眞正可貴的究竟是什麼。

一個人不可能不經歷人生而獲得智慧。

——桃樂絲．麥克爾

心懷希望就有未來

在心裡種下一顆希望的種子吧，以信心餵養它、滋潤它，
時間將會為你帶來歡喜收成的果實。

德國十六世紀宗教改革家馬丁．路德說過：「這世界上的一切都藉希望而完成，農夫不會播下一粒玉米，如果他不曾希望它長成種籽；單身漢不會娶妻，如果他不曾希望擁有小孩；商人或手藝人不肯工作，如果他不曾希望因此而有收益。」

可見得，因爲我們希望能有成果，所以我們會拼盡自己的氣力去完成；因爲有了「希望」這樣的動力，我們得以完成許多事，達成目標。只要我們持續抱持

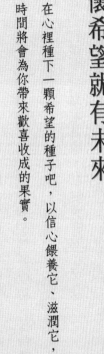

著對「希望」的渴求，就能持續推動著我們向前邁進。

據說，亞歷山大大帝在出發遠征波斯之前，將所有的財產都分給了臣子。其中，一位大臣皮爾底加斯對於他的做法感到非常奇怪，便問道：「那麼陛下，你帶什麼出征呢？」

「希望，我只帶著它。」亞歷山大回答說。

聽到這個回答，皮爾底加斯說：「那麼請讓我們也來分享它吧。」於是，他謝絕了原本分配給他的財產。

就這樣，亞歷山大帶著唯一的希望出發，卻帶回來所要征服的全部。

你相信心念的力量嗎?當我們心裡想著要成功、有希望，無形中便生出了許多力量，支持著我們往成功的道路上前進。或許很艱難，但是一次一步，一步一腳印，我們將越來越靠近目標，也越來越接近成功。

是的，沮喪這個傢伙會在不經意時突然跑出來偷襲，但是我們要被它擊敗嗎？

不要的，我們要以希望迎擊，以信念來戰鬥，因爲我們想要成功。

有人這麼說過，保持愉悅的心情，美好的事物就會來臨；如果你期望美好到來，你就要相信美好眞的會來臨。如果你對自己不抱希望，那不如放棄吧，因爲倘若你並不是眞的想，何必浪費時間呢？

所以，在心裡種下一顆希望的種子吧，以信心餵養它、滋潤它，時間將會爲你帶來歡喜收成的果實。

就像亞歷山大大帝，雖然輕裝出發卻成功地帶回横跨歐亞非三大洲的絕世霸權，他的無窮希望給了他相應的回饋。

生活在前進，它之所以前進，是因為有希望在；沒有希望，絕望就會把生命毀掉。

——特羅耶波爾斯基

堅持到底，任何事都不會白費

條條大路通羅馬，繞進小徑裡只要方向對了，終究也會到得了目的地，頂多多拐幾個彎罷了。

如果有人對你的言論提出質疑，你會怎麼辦？是強辯到底，還是立刻順從對方？

又如果有人認爲你的夢想是幻想，認爲你的努力是浪費時間，你會怎麼辦？是咬著牙撐過去，還是回歸現實去做那些大家認爲有用的事？聽個故事，想想這些問題。

在地球上某一個角落裡，盤踞著一團陰鬱冷漠、隱含僱怒的黑暗。忽然之間，在那孤獨的一角出現了一絲微弱的亮光。

雖然光芒很小，但總是一線光明。有人把那亮光放在那裡，它也就立即在那裡放射出微微的光芒。

一旁路過的手電筒提醒它說：「你不覺得，如果你不待在這個連上帝都遺忘的角落裡，而是到別的地方去，你就會更有用嗎？」

「喔！」微光說：「我發光是因爲我是光，由於我發光，我才是光。我不因爲要讓人看見才發光，我站在黑暗之處，對別人更有幫助。」

這些話被幽暗愁苦的黑暗聽見了，它露出猙獰的面孔，憤怒地想把那光給熄滅掉。

但是，無論那黑暗如何地包圍籠罩，巨大的黑暗對這微弱的光芒卻始終是無可奈何的。

有人曾經問孟子爲什麼能夠守約不動心，孟子如此回答說：「自反而縮，雖千萬人吾往矣！」

意思就是說，只要自己反省過後認爲是正確的事，那麼即使有千萬人阻擋在面前，那麼他也要堅持朝正確的路上走去。

當我們的夢想出現阻礙的時候，我們能夠有這般的信心和勇氣，即使千萬人阻擋也勇於向前嗎？

有個朋友想學拍電影，但是他的家人認爲這不是一條穩當的道路，希望他去尋找一份穩定的工作，至少能負擔家庭的生計。

這樣的情況令他感到相當掙扎，也相當痛苦，因爲如果要堅持走自己選擇的路，眼前就勢必會令家人失望，但是如果要順著家人的意願去做，又違背了自己的本心。

其實，仔細想想，他之所以會過得不快樂，是因爲他自己拿不定主意，也就是說他對於自己的夢想還不夠有信心。

如果他認爲自己的決定是對的，那麼他應該要有信心去說服家人，他可以在基本的生活維持之下，去追求自己的理想。

條條大路通羅馬，繞進小徑裡只要方向對了，終究也會到得了目的地，頂多多拐幾個彎罷了。

堅持下去，所有過往的經驗就會像一塊塊墊腳石幫助你高升。

任何事都不會白費。

——E・V・路卡斯

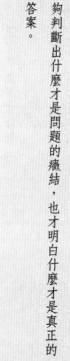

有主見，才能做出正確的判斷

堅持自己的主見，傾聽他人的意見。如此一來，我們就能夠判斷出什麼才是問題的癥結，也才明白什麼才是真正的答案。

法國作家羅曼．羅蘭說：「我們的忠言是：每個人都應該走他為自己開闢的道路，不被權威嚇倒，不受時行觀點所牽制，也不為時尚所迷惑。」

或許，我們已經很清楚，有些時候要懂得去傾聽別人的意見。別人和我們看事情的角度可能不同，所以他們能夠看到我們的盲點。

可是，傾聽不見得一定代表要全盤接受，自己總得先拿定了主意，才不會「聽了東家信東家，聽了西家想西家」，左顧右盼的結果反而失了方寸，做不了任何決定。

據說，有一個人買了一隻貓，他的朋友認為此貓長相不凡，因此建議他將貓取名叫虎貓，他聽了覺得朋友說得挺有道理的。

剛好第二天他家裡擺席宴客，他乾脆把這件事拿出來討論，想聽聽大家的意見。這時，有個意見很多的人向他建議，老虎固然兇猛，但不如龍來得神奇莫測，不如叫龍貓。

又有個人建議，龍固然比虎神奇，但龍升天需要依附空中的雲彩，雲豈不是超過龍嗎？不如取名叫雲貓。

隨即又有一個人提出意見，對他說：「雲雖能遮天，但風一來，雲就消失了，不如叫風貓。」

又有一個人說：「風一碰到牆就被擋住，不如叫牆貓。」

有一個人則說道：「牆最怕老鼠打洞，不如叫鼠貓。」

這時，一位久久沒開口的客人聽了不禁哈哈大笑說：「捕捉老鼠本來就是貓的本性，爲什麼要使牠失去本來的面目呢？貓就是貓。」

是啊，貓本來就是貓，取什麼名字並不能讓牠變成其他動物，叫什麼牆貓、鼠貓的反而不倫不類。

所以說，有時候大衆的意見不見得都是好的，自己心裡應該要有判別是非的準則才是。

沒有人敢自詡什麼都會，所以我們吸收知識、向他人請益，目的就是要增廣見識，站在巨人肩上思考，建立一套明辨是非的處事標準。但是，如果一點主見也沒有，就會流於人云亦云的景況。

假使大家的意見一致還好，萬一一人一句，可就聽也聽不完了，更不用說最後到底該聽誰的才對。

當你覺得周遭聲音此起彼落的時候，不妨想想這句話：堅持自己的主見，傾聽他人的意見。如此一來，我們就能夠判斷出什麼才是問題的癥結，也才明白什麼才是真正的答案。

父母只能提供好的勸告或引導子女上正軌，但是一個人人格的形成終究是操在自己的手裡。

——安妮．法蘭克

心中有愛，臉上就會綻放光彩

有時候，心的表情會感染到臉上；心中有恨，臉上會是陰澀的，心中有愛，臉上才能綻放光彩。

據說，妲己是個很美的女人，但她也是《封神榜》裡手段最毒辣的女人，她可以當著眾大臣的面，逼得老臣比干將心給剖了出來。

據說，武則天是個很美的女人，但她也是中國歷史上最霸氣的女人，她可以害死皇帝、毒死太子，只爲了一攬霸權成爲中國第一位女皇帝。

不論是妲己還是武則天，她們都擁有動人的美貌，但是她們卻令當時的人不寒而慄，甚至在歷史上極盡貶抑她們的美，只記錄她們的毒。

這讓人不禁納悶，什麼樣的美才是眞正的美？是像黛玉一般弱不禁風？是像木蘭一樣巾幗不讓鬚眉？還是像賽金花一樣八面玲瓏？

或許，女孩子的美，是來自於她們對自己的看重，喜歡自己，才能將自身的光華全然展露。那種美，無須刻意裝扮，無須矯巧揉造作，無須討好，無須矯飾，自會有一股內斂而照人的光采，從心底散發出來。

有個女孩，五官長得不很漂亮，身材也沒什麼突出的特點，在學校裡總有些同學愛欺負她，笑她醜。每一次聽到同學們的閒言閒語，總惹得她生氣哭泣，但是她越是和他們鬥嘴，同學們就越愛嘲弄她，讓她傷心難過，不明白自己究竟做錯了什麼，要遭受到這樣的對待。

有一天，她又因爲被同學嘲笑而傷心痛哭，剛好一位老師經過。老師聽了她的哭訴之後，告訴她有一個方法不知道她願不願意試。她停止哭泣，問老師那究竟是什麼方法，她很樂意自己能夠變得漂亮，變快樂，變得受人歡迎。

老師要她從今天開始，不管別人說什麼，一定要把笑容掛在臉上，見到人就主動打聲招呼，絕對不要自怨自艾，不要去理會別人對自己長相的評論，最重要的是不要說自己醜，要先喜歡自己。有機會就主動去幫助別人，隨時保持和氣的態度待人。

她疑惑地問：「這個方法眞的有效嗎？萬一別人都不理會我怎麼辦？」

老師回答說：「妳儘管做你自己的，別人要怎麼反應是別人的事。」

於是，她答應會去試試看。說也奇怪，開始實行這些方法之後，她不再被別人的說法挑動，不氣不哭，時間久了，那些愛欺負人的同學也覺得沒意思了。

再加上她常常主動幫忙，面帶笑容，也越來越多人樂於和她親近，人緣也漸漸變好。當她變得越來越快樂，再也沒有人說她是個醜女孩，因爲開朗的笑容已經將她變成一位美麗的姑娘了。

有時候，心的表情會感染到臉上；心中有恨，臉上會是陰澀的，心中有愛，臉上才能綻放光彩。武則天和妲己之所以不美，是因爲她們將心裡面的妒恨和殘忍表露到臉上，美麗的容顏也因此染上了黑暗的陰影，每個人怕她們都來不及了，哪裡還會喜歡她們呢？

反觀故事中的醜姑娘，她試著不讓心中的鬱悶主導一切，試著開始喜歡自己，她的生活就不會再只侷限在鏡子前面，她能夠歡笑，樂於與人親近，別人也樂於和她親近。

她應該已經明白，那些嘲笑她醜的人，心才是眞正的醜陋，那樣醜陋的言辭不聽也罷。漸漸地，大家再也看不見她臉上的不美，只看見她心裡的美，這樣的美，才沒有負擔，才能帶來快樂。

你必須每天早上面帶微笑起床，向世界展現你心中的愛，這樣人們一定會對你更好，你也將發現——是的，你一定會發現的——你覺得自己有多美，你就真的那麼美麗。

——卡洛．金恩

天堂與地獄，有比較才會知道

不要感嘆自己深陷地獄、苦痛莫名，應該試圖去了解，如果沒有經過這些人生的歷練，就不能體會到生命的價值與可貴。

人難免會欣羨別人有自己所沒有的事物，因爲有了這種欣羨的感覺，轉化爲我們前進的動力，我們會去追尋、去爭取。當我們終於獲得，回顧過往的虛無，我們不只心裡會得到滿足，也會感謝手裡擁有的。這是因爲從無到有、從少到多，我們自然明白兩者間的差異。

但相對於那些無須爭取便能擁有的人來說，這份擁有反而變成了可有可無，一點也不特殊，一點也不重要。反正它就一直在那兒，既沒感覺，也不覺得如果有天失去會感到懊悔。所謂「身在福中不知福」，大概就是這樣。

有一個故事這麼說，有一個人身處人間，一心嚮往有天能到得了天堂，於是下定決心去尋找。他到過很多地方，過程中也歷經許多艱難，終於，他找到了心中盼望的天堂。

他來到天堂門口大聲歡呼：「我終於來到天堂了！」

這時候，守門人一臉疑惑地看著他，問道：「你說這裡就是天堂？」

歡呼的人聽他這麼問，不禁感到奇怪，反問守門人：「難道你不知道這兒就是天堂嗎？」

守門人搖搖頭，又問：「你是從哪裡來的？」

歡呼的人說：「地獄。」

想起之前曾待過的地方，他還忍不住打起哆嗦。

但是，守門人還是茫然搖頭，彷彿對於「地獄」這個地方一點概念也沒有。

這個歷經千辛萬苦終於找到天堂的人猛然感嘆：「難怪你不知道天堂在哪裡，那是因為你從沒去過地獄！」

你若渴了，水便是天堂；你若累了，床便是天堂；你若失敗了，成功便是天堂；你若痛苦了，幸福便是天堂。

如果沒有經過地獄般深刻的經歷，你便不會明白置身天堂的感覺。所以說，天堂是地獄的終極，地獄是天堂的走廊。未曾歷經失去的苦痛，我們不能明白曾經擁有的多麼值得去珍惜。

或許大家都聽過那個關於「時間價值」的說法。

「想知道一整年的價值，就去問一位被死當留級的學生；想知道一個月的價值，就去問一個早產的母親；想知道一週的價值，就去問週報的編輯；想知道一天的價值，就去問有十個小孩要養的日薪工人；想知道一個小時的價值，就去問一對等待相見的情侶；想知道一分鐘的價值，就去問一位剛剛錯過火車的人；想知道一秒鐘的價值，就去問剛剛閃過一場車禍的人；想知道百分之一秒的價值，就去問奧運百米賽跑的銀牌得主。」

珍惜你所擁有的每一刻時間，昨日已成歷史，而明日仍是個謎，今天是珍貴的禮物，而那是它被稱之為當下的原因。

珍惜手裡有過的每一刻，我們便能明白，只要能把握剎那即為永恆。不要感嘆自己未能擁有什麼、獲得什麼，不要感嘆自己深陷地獄、苦痛莫名，我們應該試圖去了解，如果我們沒有經過這些人生的歷練，我們不能體會到生命的價值與可貴。

所以，當你手中捧著一把沙子時，不要丟棄它們，因為可能會有金子蘊藏其間。把握每一刻去學習、去體會，我們可以把每一分鐘都過得有價值。

以後我所成為的那位老婦，將和現在的我完全不同。另一個我正在開始……

——喬治・桑

PART 7

心怎樣想，就得到怎樣的人生

心不同，想法就會不同；

想法不同，做法也跟著不同，

沒有對和錯、是和非，你的心如何選擇，

你的人生就會順著那樣走。

心怎樣想，就得到怎樣的人生

心不同，想法就會不同；想法不同，做法也跟著不同，沒有對和錯、是和非，你的心如何選擇，你的人生就會順著那樣走。

不知道大家有沒有發現，當我們想到得到一件事物卻苦苦不能得到的時候，那種心情就像是有隻螞蟻在心裡爬著、咬著一樣，時時刻刻提醒著我們：「還有一件美好的東西沒有得到！」

往往因爲這樣的想法，讓我們的眼睛蒙上了一層霧，我們將忽視周邊的所有事物，只專注於那一項我們想得卻得不到的；越得不到，越覺得自己很需要，恨不得立刻擁有。

可笑的是，好多人在擁有了之後，卻發現自己並沒有真的那麼需要；而且，在得到的快感消褪之後，更覺得自己並沒有真的那麼想要了。

所以，在盲目地追求「獲得」的快感之餘，我們不妨可以藉由下面這個故事好好地思考一番。

有一個自認對都市文明極度反感的人，立志要到農村尋找自己的「精神世界」。於是，他不顧家人的反對，來到了一個偏僻的山村。

當他一踏上山村的小徑，眼見村中竹叢處處，流水潺潺，不禁被眼前的景色迷住了，心裡驚嘆著世間竟有這樣的仙境。他不由自主地快步向前走去，看著天空一片湛藍，汲取河水清澈甘甜，入目所見的遠山近山一派翠綠，完全就是書上所說的山明水秀。

加上山間點點星星、到處都可以看到悠然從容，四處閒逛的雞、鴨、牛、羊，漫步在其中，彷彿就像一幅世外桃源的畫卷！

他高興極了，當下立刻準備在這個小山村裡定居了，一心一意地想要沉醉於像陶淵明一樣的田園生活裡。

可是，想不到半個月過去了，他每天在這裡走走，那裡看看，新鮮感漸漸地淡了。兩個月過去了，他開始感覺到許許多多的「討厭」，比方每逢下雨，到處泥濘不堪，簡直沒法走路；家禽家畜們隨地拉屎拉尿；一不小心就被不知名的蟲子咬上一口，又痛又癢；因爲沒電，村裡的人天一黑就上床睡覺，既找不到人聊天，也沒地方打發時間；因爲時令的關係，吃食的飯菜換來換去就那些樣……

不過，住了三個月，他便開始用「窮山惡水」來形容這個山村了。半年之後，他懷著一種無法忍耐的心情離開了這座山村，到城市去尋找那無法丟棄的城市文明了。

有一陣子很流行「穿越時空」的劇碼，故事中的男主角或女主角總是能因緣際會地到不同於現在的時代去，姑且不論眞實性與可能性，相信一定有很多人曾經想過：「要是我能回到過去該有多好！」

我倒以為，如果有一天眞的回到了過去，那麼才是眞正大災難的開始。首先，適應了有水有電、有冷氣的生活，突然要回到一個什麼都很原始的地方，不要說燈不夠亮、水沒有過濾消毒不夠乾淨，就連吃飯、上廁所肯定也都成了苦差事。

聽過長輩訴說那個衛生紙還沒有普及的年代，草紙、竹片……都是一些令人難以想像的方式，那時心裡只有一個念頭：「生為現代人眞好！」

當然，有人會嘲笑我胸無大志，怎麼不想想怎麼運用自己超過當代人的智慧去闖盪一番事業呢？

但是，我們應當無法否認，生活的細節雖然瑣碎卻影響深遠；因為順心才能自在，自在才能快樂，快樂才能有心情將目光從自己的身上移開，看向廣闊的身外、看向周遭、看向未來。

一個鎮日受困於生活品質不佳的人，腦子裡可能想不到什麼豐功偉業或國家大事，他專注的只會是如何去改善自己的生活。

發現了嗎？每一個人的忍受度與看事情的角度都是不同的，差別就在於「心」而已。

心不同，想法不同；想法不同，做法也跟著不同，沒有對和錯、沒有是和非，只不過塑造出不同的人而已。

所以，如果你想成爲什麼樣的人，不只要想如何成爲那樣的人，更要了解背後要付出的代價再去試，你就會知道自己做不做得到。

譬如說，你想成爲億萬富翁，那麼你當然應該聽一下富翁的意見，調查他們之所以成爲富翁需要付出的代價，認爲自己擔得起這個代價，就去試；做得到，你就是億萬富翁。

然而，人會被自己最在乎的事物牽絆，這是不爭的事實。所謂「投鼠忌器」就是這個道理，因爲太過於重視「器」，所以就算「鼠」難以忍受也不敢輕舉妄動。因此，想要脫離牽絆，唯一的方法就是淡化「在乎」的程度。

不想被錢牽絆的人，就得把錢看淡；不想被工作束縛，就要減少工作在人生中的分量；不願被情感綁住，就得學習忍耐孤獨的感受。這些都理所當然，沒有對或錯，只是看你的心如何選擇，你的人生就會順著那樣走。

回顧一下故事中的那個人，他真的想追求歸隱山林的生活嗎？恐怕他只是想尋求逃避吧！

不要忘了，當你追求的時候，就必須付出代價，付不起的人沒有資格得到，也得不到。瞧，那人後來果然還是逃出了他原本嚮往的生活，這樣的結果清楚地映照出來「他的心是怎麼想的」。

老話一句，「你想得到快樂，你就能得到」。同樣的，你想得到什麼樣的人生，你就能得到，但是，最好先確認一下「你究竟是怎麼想的」。

克服心中的妖魔，這句話聽起來有點諷刺，不過，除非你把自我叢林內的妖魔放掉，不然，你的人生和靈魂都會被它們奪去。

——羅娜．芭芮特

讓經驗成為助力而不是阻力

痛苦的感受，或許也能夠逼得我們奮發向上，但是如果永遠惦記著那種痛苦，就會消弱了我們奮發向上之後所得到的快樂。

米娜．安崔姆曾經說：「經驗好比良師，卻帶給我們奇妙的帳單。」

這句話說得很有意思，我們往往從經驗裡面得到了很多，當然也付出了很多，不管我們願不願意。

有些經驗雖然很有用，但是過程中的痛苦、哀傷等等不愉快的感受，卻也同樣盤繞在我們心頭不去。

這些負面感受堆積久了，可能會壓得我們喘不過氣來。

有一個青年，背著一個好大的包袱，不惜勞苦，千里迢迢地跑來找智者。

青年一見到智者，迫不及待地說：「智者，請告訴我，爲什麼我會那樣的孤獨、痛苦和寂寞？長期的跋涉使我疲倦到極點，我的鞋子破了，荊棘割破雙腳，手也受傷了，流血不止，嗓子因爲長久的呼喊而沙啞。爲什麼我還是不能找到心中的陽光呢？」

智者問他：「你的大包袱裡裝的是什麼？」

青年回答說：「它對我可重要了。裡面是我每一次跌倒時的痛苦，每一次受傷後的哭泣，每一次孤寂時的煩惱。就是靠著這個包袱的幫助，我才能走到您這兒來。」

智者聽了不再說話，只是把青年帶到河邊，然後他們一起坐著船過了河。

上岸後，智者回頭對說：「你扛著船一起趕路吧！」

「什麼，扛著船趕路？」青年聽了，很驚訝地大喊：「它那麼沉重，我哪裡扛得動它呢？」

「是的，孩子，你扛不動它。」智者微微一笑，「過河時，船是有用的。但過了河，我們就要放下船趕路，否則，它會變成我們的包袱。痛苦、孤獨、寂寞、災難、眼淚，這些對人生都是有用的，它能使生命得到昇華，但須臾不忘，就成了人生的包袱。放下它吧！孩子，走過一段人生，就要檢查一下自己身上的背包，只帶必要的東西，其餘的全扔掉，我們每個人都扛不動太沉重的事物。」

青年放下包袱，繼續趕路，他發覺自己的步子輕鬆而愉悅，比從前快了許多，陽光也在心中照耀了。

人生在世，應當學會適時放寬自己的胸臆，不要讓那些沉重的包袱壓得自己喘不過氣。

凡事抱最好的期望，做最壞的打算，到了該放下的時候就放下，到了該放手的時候就放手，如此，才不會使自己的人生之路滿是泥濘，寸步難行。

痛苦的感受，或許也能夠逼得我們奮發向上，但是如果永遠惦記著那種痛苦，就會消弱了我們奮發向上之後所得到的快樂。

就好像故事裡的智者所說，過了河就要放下船繼續趕路，扛著沉重的船要如何輕鬆地翻山越嶺呢？如果被過往綁住了雙腳，舉步維艱的結果，目的地如何能到得了？

何不讓經驗成爲我們向上的踏腳石而不是絆腳石；讓過往成爲助力而不是阻力，推了我們一把之後，就讓它們遠遠地落到了後頭吧！

過去的就讓它過去，緊緊地抓在手裡，只會讓我們沒有餘裕再去拿取其他更好的事物。

已經過去的事，絕不要放在心上，而將它當作過去的一種經驗。在眼前的事已經困擾著你，所以你更沒有必要回溯過去曾經困擾你的事情。

——哈得．胡佛

學習在精不在多，能力在用不在高

學得多、學得快，並沒有什麼了不起，重點要學得好、學得有用處，才不會枉費那些學習的時間。

在這個講求專業的時代，有一句話說「學有專精」，即使你只是一個愛打電動玩具的小孩，也可能揚名世界。

許多出身矽谷的電子新貴，原本可能是個躲在車庫裡修電腦的怪胎，這個社會對於學問的定義和要求，不再只侷限於課本、教科書上的知識，而是強調生活應用的能力。

學習，不是呆板的填鴨，而是要耐心地咀嚼，唯有如此才能覺察出所學的眞味，也才能眞正消化、融會貫通。

曾經有這麼一個自恃有學問的人，他之所以對自己如此有自信，是因爲他花了很多時間研究宗教經典，對於經典的內容瞭若指掌。他很爲自己的成就感到驕傲，對於那些不讀經典，甚至目不識丁的人頗爲輕蔑。

一天，他來到河邊。河岸有一位靠擺渡爲生的船夫，每天划著小船接運行人渡河。這個人上了船夫的船，船夫見後頭沒人再來乘船，便起身划船，專程送他過河。

這個人瞧那船夫划著船，一副粗人打扮，認定他是個沒讀過書的傢伙，便嗤之以鼻道：「船家，你的生活過得眞沒意義。」

船夫覺得很奇怪，便問：「您爲什麼這麼說呢？」

那人回答：「你每天就光這麼划船，你懂得宗教經典嗎？」

船夫倒是直率，坦白地回答：「像我這麼粗鄙而愚笨的人，哪裡會懂得什麼宗教經典呢？」

「這麼看來，你的生活就失去了一半意義了。那你聽過《往世書》（印度古代神話傳說集）嗎？」

「欸，每天日夜就泡在這河裡搖船，哪裡有時間聽？」

「這樣的話，你的生活又有四分之一白過了。你至少聽過些史詩吧？」

「先生，您這麼唏哩呼嚕地說了一大堆，我實在是不懂啊！反正我的生活就是搖船渡人過河，如此而已。」

那人聽了船夫的回答，忍不住地譏諷：「沒什麼好說的了，我看你這一輩子幾乎都白過了。不過，我真不明白，你怎麼能忍受這樣的生活。」

那人話還沒說完，河面突然颳起了大風，平靜的河面瞬間起了波濤，滾滾河浪，拍得小船又搖又晃，幾乎快要讓人站不住腳了。

沒多久，天空佈滿了烏雲，跟著下起了大雨，越來越大的浪洶湧地拍擊小船，眼看著船裡進水，就要沉沒了。

船夫大叫：「船要沉了！你會不會游泳？」

那個人一臉慘白，驚恐不安地回答：「我不會。」

「這樣看來，您不僅活得沒有意義，而且就快完蛋了。」船夫搖搖頭說完，便跳到河裡，一路游到了對岸。

至於那個號稱學識淵博的人，則被淹死在河裡。

學得多、學得快，並沒有什麼了不起，重點要學得好、學得有用處，才不會枉費那些學習的時間。

如果，這邊學一點、那邊學一點，「樣樣通、樣樣鬆」，最後可能一樣也派不上用場，全部忘光光，那可眞是浪費了生命了。

尊重專業，生活中處處都可學習，也處處都是智慧，就看我們懂不懂得自己去抓取了。像故事中的人，自以爲學識淵博，自以爲懂得學習，以爲自己所學才有意義，最後便敗在自以爲毫無學習必要的事物上。

我們的能力，來自於過往經驗中每一項事物、知識的累積，你永遠不會知道能力會在什麼時候派上用場。目前主流的能力價值並不一定能夠禁得起時代的考驗，現在無用的技能，也未必不能成爲未來時代的主流。當打字機出現，抄寫員就沒了工作；當個人電腦出現，打字員的未來便堪憂。我們沒有時間自得，只能不斷學習，不斷前進。

精通一門，博覽群門，我們就不至於被時代淘汰，但是千萬不要驕傲，也千萬不要自卑。有需要就去學，有必要就請教，自己的人生意義靠自己給予。不用和別人一樣，也無須他人認定，只要我們將所擁有的能力發揮出來，人生就有意義。

沒有人能未經你的同意認為你無能。

——艾琳諾．羅斯福

沒有三兩三，何苦上梁山？

冷靜下來，了解自己的特長和天賦，不斷累積自己的實力
進而延伸觸角，才能在自己專長的領域取得卓越的成就。

有人說：「人生像買新車，如果一台車從來沒有開超過時速六十公里，那麼那台車最後就算油門踩到了底，速度也永遠超越不了六十公里。」

或許眞的如此，我們每一個人都應該挑戰自我的極限，不然我們不會知道自己可以進步到什麼程度。

但是，如果我們花費了太多時間和精力，去挑戰那些對我們來說費時費力又成效不彰的事，我們說不定會發現最後所完成的事少之又少，可能完全不符合經

濟效益。

這樣一來，算不算是一種生命的浪費呢？

有一隻鄉下老鼠，吃膩了玉米和麥莖，也厭倦了農村沉悶的氣氛，因此決定到城市中去，體驗一下不同的生活感受。

鄉下老鼠來到城裡一個富貴人家的家裡。果然不錯，城市人的生活精采多了，這個富貴人家家裡看起來富麗堂皇，廚房裡不但有麵包、豆子、乾果、蜂蜜、蛋糕，還有各種新鮮的水果。鄉下老鼠眞是大開眼界，不禁想自己以前眞是沒見過世面的「井底之鼠」啊！

但是，就在牠正想要大快朵頤的時候，門突然被推開了。牠不得不飛快地躲進一個洞裡。儘管這個洞實在太狹窄，擠在裡面非常不舒服，不過終究躲過了一場劫難。

牠等了又等，好不容易四下無人，正當牠想再一次悄悄溜出來準備進餐的時候，又有人走過來開碗櫃拿東西。這隻老鼠又被嚇得立刻跑回躲在洞裡，大氣也不敢喘一口。

就這樣，眼看美食當前，卻一口也吃不到，這種感覺實在太痛苦了。後來，這隻鄉下老鼠真的餓得受不了，心想，雖然這裡有精美的食物，但是環境實在太危險了，還是回到廣闊的農村裡好些。

更可憐的是，牠返回農村的路上千驚萬險，一會兒險些被汽車壓死，一會兒差點被垃圾堆上的野貓吃掉，還幾乎被地鐵碾個正著。幸好，經歷了衆多險阻和磨難，鄉下老鼠終於回到牠原來那個沒有半點驚恐的環境裡。

從此，鄉下老鼠再也不想進城了。

有一位長輩這麼說過：「做你擅長的事，不要挑戰過於困難的事。」

這倒是一個不錯的人生態度。與其把時間、精力放在不知如何回收的事物上，倒不如全心全力於發揮自己的才能。

即使是再小的螺絲釘，在恰當的環節也能發揮應有的用處，而那是大螺絲釘所做不到的。

相對的，如果硬要在大的鎖眼上使用小螺絲釘，非但一點用處也沒有，反而會讓整個結構鬆散崩解。

與其莽然躁進，倒不如冷靜下來，了解自己的特長和天賦，不斷累積自己的實力進而延伸觸角，發展其他的長處，按部就班的結果，才能在自己專長的領域取得卓越的成就。

不要浪費生命在你認爲永遠不會有成果的事物上，因爲當你認爲不會有成果的時候，多半已經限制住你的腳步，綁手綁腳。目標或許到得了，卻要多花上好幾倍的時間。

更糟糕的是，萬一到了最後，你才發現成果完全不是你想要的，無論如何，生命都已經被你蹉跎了。

所以，如果你膽子很小，就不要強求自己成爲一個冒險家；如果你沒耐性，就不要強逼自己待在毫無變化的工作環境。

給你一個建議，先去找尋你做得到的事，當你完成了，或許也發現你其實還有其他的新能力。

沒有三兩三，何苦上梁山？與其受苦於自己的不斷挫折，還不如把時間拿來鍛鍊腳力，等到體力練足了，到時梁山又算得了什麼呢？

花了十五年的時間，生命才教會我投降與對抗同樣的光榮，特別是在毫無選擇的情況下。

——瑪亞．安吉羅

懂得付出，更要懂得享受

只要能想清楚，我們所做的一切都是為了自己，做起事來就不會有太多的不情願，也自然能傾力而為。

不知道從什麼時候開始，我們的社會開始和世界脫節，出現了所謂四年級、五年級、六年級……等等世代區隔的字眼。

面對其他世代的批評聲浪，現今的年輕人又是怎麼想的呢？

有些人認爲這些都是過氣世代的人不甘心的言論，有些人認爲他們所遭受批評的行爲與言論，其實都是上一代的人自己培養出來的，要這樣生、要這樣養，就要接受這樣養大的孩子，最具代表性的一句話就是：「何苦既種水蜜桃，又怨水蜜桃？」

這樣的話聽在父母的耳裡，大概只覺痛心，而聽在身爲兄姐的耳裡，大概只會不屑地說他們身在福中不知福了。

可是，每個世代的人在不同的時代環境之中，其實有都其自我的考驗存在，自己的問題應該自己去扛，自己的人生也應該由自己負責。

或許，人如果體悟得到，每一個人都是獨立的個體，那麼對於別人也就不會有那麼多的要求，也不會一味地付出又奢求回報。

人生是自己的，想要得到什麼樣的結果，就靠自己的努力去營造。最重要的是，當結果創造出來時，要能夠放寬心去享受。

一位正直的老人，頂著酷熱難當的烈陽，蹲在他親手耕犁的土地上，將一把把純潔的種子撒進鬆軟的土地裡。

忽然，在橡樹樹蔭下，有一個幻象出現在他的面前！

老人非常驚訝，這時幻象開口說話了，他說：「我是菩提仙，老人家，你在這兒做什麼呢？」菩提仙說話的口吻非常親切。

但老人的頭抬也不抬，繼續自己手上的工作，「如果你是菩提仙，那你還問什麼？在我童年的時候，你叫我到螞蟻那兒去學學牠們的所作所爲，學會勤奮和積蓄。我從前學到什麼，我現在就在做什麼。」

菩提仙聽了老人不客氣的回答，不怒反笑地說：「你只是學到了一半兒，再到螞蟻那兒去一次，這次你應該要從牠們那兒學會，如何在你生命的冬天裡去休息，享受自己貯藏的食物。」

總會聽到有些老人家抱怨著自己一生勞碌命，年輕的時候事事都得聽父母的，年老的時候事事都得聽子女的，從無一刻是爲了自己。每次，我總要不禮貌地想：「這個決定，不是你自己做的嗎？」

想爲自己而活，就能爲自己而活。個人有個人的天命，並非誰可以幫誰扛得起的，再說幫得了一時，能幫得了一世嗎？如果自己決定要介入別人的生命，就應該勇於承受所有的後果，怨天怨地還不如怨自己來得恰當。

既然如此，何不多爲自己想一些呢？

我們所做的努力，是爲了讓未來的我們獲得享受；我們樂於分享，但不是毫無節制的給予；我們樂於傳遞經驗，但不是越俎代庖地將責任全攬到自己身上來。只要能想清楚，我們所做的一切都是爲了自己，做起事來就不會有太多的不情願，也自然能傾力而爲；充分揮灑的結果，是讓周遭的人也感受到我們的成功喜悅。

就好像當我們讓自己發光之後，光亮自然也會映照在他人身上；彼此照映，何樂而不爲呢？

自己輕鬆自在，也會讓別人輕鬆自在。

——安東尼·庫柏

改變態度，俯拾皆是智慧

觀念與思想，主宰了一個人的行為，有時候改變一下思考的角度與應對的態度，收穫就在轉眼之間。

這是一個讓人罹患資訊恐慌症的時代。

很多人老是嚷著自己跟不上時代，只要什麼新事物、新觀念、新技術，莫不急急忙忙想去學，不曾考量過自己的需求和想望，只是一味地不想讓人覺得落伍。

急就章的結果，是成效不彰、學習挫折；不知所學爲何的結果，便是浪費時間、學無所用。

就好像電腦這個玩意兒，是很多年紀大的人害怕的事物之一，他們只敢站在一旁羨慕地看著兒孫整天「玩電腦」，自己卻是一步也不敢靠近，深怕一不小心按到了「自動毀滅裝置」，把電腦給玩壞了。

其實，電腦是發明來給人使用的工具，除了設計者和製造之外，所有的人都是單純的使用者，我們之所以使用，是爲了讓我們得到方便，如果覺得不方便，那倒不如不用來得好。

一直覺得學電腦和學騎腳踏車沒什麼兩樣，想要會騎總得先騎上車再說；跌倒是理所當然的，車子摔壞了修理就好。電腦也是一樣啊，總是因爲有需要才會想要使用，需要使用就得學會，學會之後就願意經常用，也就會產生更多需求。

這樣一來，電腦這項工具才算是發揮了它被發明的目的與功用，不是嗎？

有一天，一位老和尚吩咐身邊的一群小和尚，每人去南山打一擔柴回來。這是老和尚第一次吩咐的事情，小和尚們不敢怠慢，匆匆趕往南山。

一路上，小和尚們暗暗立下決心，待會兒一定要盡可能多打些柴。眼看快到南山了，小和尚們卻被一條寬闊的大河擋住了去路，無橋無渡，河水又湍急，就算想強行渡水也是難上加難。

於是，小和尚們只好垂頭喪氣地回來見老和尚。老和尚望著一個個空手而回的小和尚們，但笑不語。

見到老和尚和顏悅色，並沒有責怪的意思，小和尚們這才一個個放下心來。最後，有一個小和尚從懷中掏出了一個橘子，遞給老和尚說：「師父，過不了河，打不了柴，剛好我看見河邊有棵橘子樹，就順手把樹上唯一的一個橘子摘下來了。」

後來，這個小和尚成了老和尚的衣缽傳人。

每個人都有自己的生活方式，也都有自己的學習模式，然而處理事情的態度和角度，顯然決定一個人成就的程度。

沒有人能期望在學習一項新事物的時候，就要成爲絕對專精的人物，能學得多少就用多少，需要用多少就學多少，能這樣想豈不輕鬆多了？學習遇上了瓶頸與阻礙，拐個彎說不定也能轉回正路上來。不給自己太多的壓力，放眼看看周遭，我們將會發現，其實俯拾皆是智慧，需要的時候隨時可得。

觀念與思想，主宰了一個人的行爲，有時候改變一下思考的角度與應對的態度，收穫就在轉眼之間。

人世間的快樂，總是不經意地翩然而至。若要強索營求，反而徒勞無功、一無所獲。轉移追尋的目標吧，這樣也許快樂將與我們不期而遇。

——霍桑

別人碗裡的不一定比較好

克制住衝動，不隨著潮流趨勢胡亂起舞，這才是真正的自主。經過深思熟慮的行動，才能達到我們真正想要的目的。

有時候，人實在是一種奇怪的生物，本來不屑一顧的東西，當別人想要擁有的時候，突然間覺得自己也非擁有不可。一窩蜂爭奪的結果，可能排了五、六個小時的隊，只買到兩個未來十年都不會再去注意的娃娃。

大賣場的老闆想得精明，特價品和高級品總是擺放得只剩一個，然後隨時放上補貨中的牌子，這樣一來原本久未有人過問的商品，可能意外銷售極佳。

我們怪不得別人用此等「卑鄙」的方式對付我們，只能怨怪我們自己性格中那種「羨慕」與「妒嫉」的因子作祟。

有一個老農夫將雞飼料一剷一剷地灑在雞舍的屋簷上。

他的鄰居看到了覺得相當不解，忍不住跑過來問：「老公公，爲什麼你沒有把飼料放在地上讓雞吃，反而往屋簷上丟呢？」

老農夫手上的工作一刻也沒停，只是笑笑地回答說：「這種飼料的品質不太好，要是放在地上，這些雞連聞都不會聞。不過，如果把飼料丟在雞隻恰恰好能跳得上的屋簷，牠們就會努力地跳上屋頂去，一群雞搶著搶著，很快就會把飼料吃光了。」

鄰居聽了覺得半信半疑，既然都是一樣的飼料，怎麼雞隻竟然有截然不同的反應？他不禁疑惑地問：「這怎麼可能呢？」

老農夫把最後一剷飼料丟上雞舍屋頂，將剷子插在地上，一臉興味地說：「不信？那你就站在這兒看吧！」

果不其然，一群雞衝了過來，在地上聞聞啄啄，並不太吃落在地上的飼料。

結果，有一隻忽地跳上屋頂，興奮地「咯咯」叫著，原來牠發現了屋簷上有著大把大把的飼料，立刻開心地吃了起來。

其他的雞聽了，也紛紛拍動翅膀爭著要跳上屋頂。

就這樣，一群雞在小小的雞舍屋頂上擠來擠去，就算被推擠了下來，也鍥而不捨地再跳上屋頂去搶食。很快地，屋簷上的飼料便吃得乾乾淨淨了。

這個景象，是不是不禁讓人聯想到百貨公司大拍賣時，在衣服特賣專櫃前爭得你死我活的太太小姐們，有時候還逼得要大打出手呢！

《智慧書》的作者葛拉西安曾經如此告誡：「把自己從普遍的愚蠢中解脫出來。普遍的愚蠢被習慣正統化，而一些能抗拒個人無知的人卻擋不住群體的力量。他們對自己的快事不滿，而對別人的快事垂涎三尺。」

或許，「追逐潮流」正是我們人性中的弱點，想要跳脫這樣的桎梏，必須要具有大智慧。畢竟，和別人做一樣的事是安全的，就算失敗了也有個伴。只是，終其一生都在做別人的翻版，這樣會快樂嗎？

如果你不想讓自己成爲一個人云亦云的傢伙，也許首要的工作，就是在行動之前多問問自己內心的需求，究竟是「眞的需要」？還是「單純的想要」？

這樣一來，我們就能克制住大部分的衝動，而不致於隨著潮流趨勢胡亂起舞，這才是眞正的自主。

看到別人好，試著去想想他們背後可能要付出的辛苦與代價，衡量自己的能力與需求後，我們或許就不會一味地想跟從他們的行爲；經過深思熟慮的行動，才能達到我們眞正想要的目的。

所謂成敗，不是以自己和別人的成就相比較，而是以自己的能力來衡量。

——齊格勒

太過順心，就會失去戒心

跌跤不可怕，可怕的是沒有站起來的勇氣；順遂不足誇，值得驕傲的是有勇於面對問題、解決問題的決心。

相信每個人都希望自己一生都一帆風順，最好能啣著金湯匙出生，老爸的財產用之不盡，事事有人打理，吃喝玩樂隨自己高興。可是，這樣的人生真的是一種幸福嗎？

有這麼一個有趣的故事，值得我們省思。

有三個無惡不作的強盜，做盡了壞事，所幸法網恢恢，終於有一個強盜遭到逮捕，被處以絞刑。

另外兩個強盜聽到這個消息，彼此心裡都有了些想法。

其中一個強盜不禁感嘆：「要是這個世界上根本沒有絞刑架等刑具該有多好！這樣我們就能爲所欲爲，想吃想穿就去搶，有吃有穿就去玩，多麼逍遙自在啊！講眞的，幹強盜這件差事，算得上是一種不錯的職業呢！」

可是，另一個強盜卻不以爲然地加以反斥：「你眞是蠢！想想看，這個世界上如果眞的沒有絞刑架，那不是人人都搶著當強盜了嗎？那麼多人來和我們搶生意，我們還能成得了什麼事？所以說，絞刑架還能稱得上是咱們的大恩人呢！那個倒楣的傢伙被抓住，只能怪自己無能，可怨不得絞刑架。」

看來，第二個強盜還頗有生意頭腦和市場概念，幹起強盜來恐怕也是著名的大盜了。

嶙峋的岩岸，能激起美麗的浪花，令人心生嚮往，卻不會在沒有準備的情況下貿然闖入。平緩的沙岸，看起來一片平靜無害，其實腳下的沙可能突然被海浪捲離，形成沙坑、造成漩渦，使得不留心的遊客因此葬生海底。

有時候，逆境的存在反而給予我們突破瓶頸的動力。我們忌憚著眼前的危機，就不會莽撞亂行；我們面對問題，就會思考計劃如何去解決問題。

反觀在順境之中，我們是否會因爲一切太過於順心而失去了戒心，不把腳下的危險看在眼裡呢？如果不留心足下，誰也不能保證永遠不跌跤。

其實，跌跤不可怕，可怕的是沒有站起來的勇氣；順遂不足誇，值得驕傲的是有勇於面對問題、解決問題的決心。想要向前邁進，就必須突破自己的限制。展現進取的意圖，積極拓展自己的實力，才能站上成功的踏腳石。

如果世界上只有喜悅，我們就永遠學不會勇敢和忍耐。

——海倫．凱勒

PART 8

改變自己，跳出生活的框框

與其被動地等別人來改變情勢，
不如靠自己主動出擊，
改變自己去因應環境，
將局勢變成對己有利。

改變自己，跳出生活的框框

與其被動地等別人來改變情勢，不如靠自己主動出擊，改變自己去因應環境，將局勢變成對己有利。

如果讓你在自然界裡，選一種自然物來學習，你會選擇什麼？

我想，我會選「水」，爲什麼呢？因爲水在任何地方都能存在，它改變了自己的面貌去適應各種不同的環境。

它化爲氣體，飄上天空，輕飄飄地自由自在；它凝成冰粒，抵抗寒冷，以不動如山的方式等待暖陽出現。

它融化成水，涓滴成流，即使遇到了阻礙，轉個彎就流過去了，越是險阻的地形，越是讓它走得更加精采，瀑布不只沖刷出飛濺的水花，也在空中映出美麗的彩虹。

水的最大特色，就是在於懂得改變自己，跳出環境設下的框框，所以才能沖刷出屬於自己的河道來。

人生當然會有險阻，人生當然會有困境，但是只要人還活著，就沒有所謂的絕境，只要我們懂得嘗試去改變自己。

據說有一位從事繪畫已有二十多年的國畫家，一次意外事故造成他的右手嚴重受傷，再也無法執筆作畫。

原本輕鬆自如的繪畫創作，如今竟然成了難以達成的目標，讓他感到痛苦萬分。再說，不能動的是右手不是頭腦，想畫卻不能畫的痛苦，更令他忍不住怨天尤人，大發脾氣。

最後，這位畫家終於決定嘗試用左手來畫畫。想不到，經過一段時間練習，他驚奇地發現，由於左右手易位，打破了許多原先存在於意識或潛意識之中的條條框框。

他現在用左手作畫，表現更是大膽奔放，筆筆到位，墨趣橫生，整幅畫面顯得既鮮活又率真自然。

而且，讓他欣慰的是，這種效果也是他用右手作畫二十餘年，不斷苦苦探索卻又覓之不得的境界。

古話說：「山窮水盡疑無路，柳暗花明又一村」，天無絕人之路，走不出去是人自己不想走，怎麼能怪到老天身上？

故事中的畫家，當然可以稱之爲「因禍得福」，可是如果不是他自己眞心覺悟、勇敢嘗試，他也不可能找得到出路。

遇到問題，遇到困難，坐著等奇蹟出現雖然也是個方法，但是萬一奇蹟一直不出現，該怎麼辦？

與其被動地等別人來改變情勢，不如靠自己主動出擊，改變自己去因應環境，將局勢變成對己有利，還來得有效果些。

我們的每一個決定都會影響到我們的未來，是要呆坐枯等，還是要順情應勢、積極行動，就看我們自己決定了。

在面對人生問題時，可能會有兩種全然不同的態度。其一試圖去改變外在的世界，另外就是嘗試去改變自己。

——喬安娜．菲爾德

盲目改變不見得是件好事

盲目的改變可能會為我們帶來風險，不為改變而改變，不因別人改變而改變，行事決定之前，何妨先停下來問問自己的心吧！

有時候，一成不變的日子過久了，總會讓人忍不住想來點變化。可是，好玩的是，往往改變了之後，非但有可能不習慣，或是難以適應，有時候還會在不知不覺中又繞回了老路上，令人啼笑皆非。

其實，之所以會有這樣的狀況發生並不難理解，畢竟人會有慣性和依賴性，有一些固定的模式代表著某種程度的安全性，如果改變意味的是破壞與危險，那麼維持現狀豈不是自保的方法？

據說有這麼一座廟，裡頭住著兩個相處和睦友善的和尙，他們在一起生活了很多年。或許是單調平和的生活過久了，有一天胖和尙終於忍不住說：「老友，讓我們改變改變吧！每天這麼單調的生活，久了也蠻乏味的。」

瘦和尙聽了不置可否，回答：「好啊，那你想做點什麼？」

胖和尙說：「做點不一樣的事，不如就做點世俗的人常做的事吧！」

瘦和尙聽了不禁好奇地說：「世俗的人都做些什麼事呢？」

「喔，世俗人就只做一件事，」胖和尙倒像知道很多似地發起高見來了，「世俗人沒事就愛爭爭吵吵，這樣吧，咱們也來試試看怎麼爭吵。」

這下瘦和尙可沒轍了，畢竟他們兩個人相處這麼久從來沒吵過，他還不知道到底該怎麼個吵法。胖和尙又說：「師父圓寂的時候不是留下來一個金塊嗎？你把它拿過來，放在咱們倆當中，然後我們兩個都說『這個金塊是我的』。」

「這個簡單。」瘦和尙倒是很樂意幫這個忙，他拿起金塊放在兩個人中間，然後宣佈說：「這個金塊是我的。」

現在該胖和尚說了，他看了看金塊，再看了看瘦和尚，想了一下，而後開口說：「好吧，兄弟，如果這個金塊是你的，那你就拿去吧！」

他們有史以來第一個爭執，還沒有開始就結束了。

看來這個改變是徹底地失敗了，畢竟他們兩人已經完全地習慣了舊有的相處模式，而且不覺得新的模式對他們來說有什麼好處，潛意識裡便自然做出和善的反應。

對於胖和尚的要求，瘦和尚樂於配合；對於瘦和尚的宣告，胖和尚也順其自然。當兩個人一點也不想爭的時候，吵架便是件無聊的事了。

有時候，改變是好的，那是因爲我們對現狀徹底的厭惡，如果再不逃離我們將會感到窒息。但是有時候，盲目的改變卻可能會爲我們帶來風險，因爲面對新的情境，無論生理、心理等各個方面我們都需要重新去適應，如果我們並沒有任何心理準備，適應不良的狀況就特別容易發生。

新的觀念隨時會出現，目的自然在於改變舊有的體制，新觀念能不能成功、有沒有辦法存續，就要看它能不能讓大衆接受。

能夠開放接受新知的頭腦，當然是勝過於保守固舊，但是在接受新觀念之前，至少該先做做功課吧？新知識和舊經驗有什麼不同？怎麼個好法？有了充分的了解之後，再做決定才是正確的因應方法。如果，只是囫圇吞棗般盲目地接受，那麼萬一消化不良，難受的可還是自己呢！

不爲改變而改變，不因別人改變而改變，行事決定之前，何妨先停下來問問自己的心吧！

只要我們堅定地站著，在哪兒都可以建立基礎。

——艾維．卡普尼伯特

小心求證過後，儘管大膽嘗試

只要我們記得，我們每一個決定、每一項行動的結果，都是由我們自己來收成，那麼，我們就不會讓機會白白溜走。

常常聽見有些長輩教訓說：「年輕人要有衝勁。」可是，也常常聽到有人感嘆：「年輕人太過衝動，容易壞事！」心裡忍不住納悶，這樣說來到底年輕人是該衝？還是不該衝？

先看看下面這個老人的故事吧！

從前有個老人，每次遇上拖延、意外，或跟別人的衝突、困擾的時候，他就開始慢慢地數道：「一個馬鈴薯、兩個馬鈴薯、三個馬鈴薯……」

他很少數到超過五十個馬鈴薯，因爲他還沒數完之前，所有的煩惱都煙消雲散了。有時候，他什麼都已經忘得乾乾淨淨；有時候，他已經清楚地看到事情的眞相。

許多時候，第一時間的反應雖然符合我們心裡的直覺，但是卻不一定是最好、最有效的方法。

比方說，逛百貨公司時看到一件喜愛的商品，腦子裡的第一個念頭就是：立刻擁有。但是，如果商品的價格遠遠超過荷包的能力，或是你已經是舉債度日，那麼「立即擁有」肯定不是一個很好的方法。

這個時候，「數數馬鈴薯」這個法子就很受用了。

三思而行，不是要拖延你的腳步，而是讓你就事情的本身再做進一步的思考：

這樣做眞的好嗎？有沒有什麼潛在的危機？這會不會是個陷阱？有沒有其他的替代方案？會不會背後有什麼特別的原因？

幾個問題先在腦子裡繞過一圈，如果你仍堅持最初的選擇，那麼這個選擇已經經過檢驗了，何妨大膽去嘗試？如果連自己都沒有辦法說服自己，那麼又何必一意孤行呢？

只要我們記得，我們所做的每一個決定、每一項行動，都必須由我們自己負責任，那麼，我們就不至於輕率而爲。

只要我們記得，我們每一個決定、每一項行動的結果，都是由我們自己來收成，那麼，我們就不會讓機會白白溜走。

開始，要大膽；冒險幹，要聰明。

——賀拉斯

偉大不該只是掛在嘴巴

追求事業與成就，可以是我們的目標，卻不應等於生命的全部。若是一味地尋求「偉大」而自我膨脹，只會迷失人生的方向。

偉大是一個很抽象的名詞。究竟怎麼樣的人才能稱得上偉大呢？統治全世界的領土？發明了治療絕症的藥劑？寫出撼動人心的作品？

有時候，眞的覺得大家濫用了偉大這個詞，如果只是盲目追求「偉大」的稱號，恐怕把自己看得太過重要了。或許，眞正偉大的人，是不需要使用「偉大」這樣的名詞來加持的。

一位國王和一名親近的臣子一同在沙灘上散步，從頭到尾這位近臣都以阿諛諂媚的口氣，不斷地誇國王的權力有多大、影響有多深廣，頌讚不絕。

這位國王靜靜地聽了半天，然後轉頭面向大海：「海啊！我是你的統治者，我有很大的權力，現在命令你停止前進，不准弄濕我的腳。」

但是海浪絲毫沒有停止，仍舊一波波地襲來，並且想當然爾地打濕了國王的腳及身後拖地的長袍。

國王轉身意長深遠地對這位近臣說：「你看，這波浪並不聽我的命令，可見國王的力量也和其他人一樣的脆弱，只有上帝才能使一切對他服從。」

聖修伯里的《小王子》書中也有一個國王。這位國王住在一個非常小的星球，然而他非常驕傲，認爲這個世上所有的人都是他的部下，所有的物事，甚至連星星都歸他所管。所有的人、事、物都必須聽他的命令才行。

國王要求他的權威必須被尊敬，他忍受不了別人違背他的意志，他是一位專制的君主。但是，他也是一位好國王，因爲他的命令一向很合理。

比方說，他會說：「假如我下命令，命令一位將軍變成一隻海鳥，假如這位將軍不服從，這不該是他的錯，這該是我的錯。」

這話聽起來很合理吧，看來他果然是一位好國王。

小王子非常驚嘆國王的權力，他心想要是自己有這樣大的權力，他一定要在一天以內看上幾百次的落日。但是，當小王子向國王提出想要立刻看到夕陽的時候，國王卻說：「假如我命令一位將軍，像蝴蝶一樣從一朵花飛到另一朵花上，或是寫一齣悲劇，或是變成一隻海鳥，假使那位將軍不肯執行我下的命令，那麼這是誰的錯？是他還是我？」

小王子認真地回答：「是你的錯。」

「答對了！」國王說：「我們應該要求一個人辦得到的事。權力首先建立在道理上面。假如命令你的人民去跳海，他們就會造反。我有權要求別人服從，因爲我的命令是合理的。」

所以，如果小王子想順利看到他的落日的話，國王必須等到接近晚上七點四十分的時候才能下命令，到那個時候，他的命令才能乖乖被服從。

很可笑吧！但是仔細將前後兩位國王相比，我們可以發現他們都深深明白自己的權力是有限的，只是一個懂得虛心，一個堅持驕傲。

在歷史上，我們可以看到無數的國王出現，卻看不到任何一位國王能夠將其權力無限擴張，也看不到任何一個王朝永垂不朽。

追求事業與成就，可以是我們的目標，卻不應等於生命的全部。若是一味地尋求「偉大」而自我膨脹，只會迷失人生的方向。

諾貝爾獎所鼓勵的，不是已經取得的成就，而是為了將要取得的成就。

——賽珍珠

頓悟，是一次及時重來的機會

不需要從既定的模式中尋求成功的軌跡，我們可以用自己的做法與步調，在與別人的互動之中，窺見屬於自己的成功藍圖。

曾經聽過一個比喻，說女孩子找伴侶像在海邊撿石頭一樣，看到更好的就丟掉手上的，結果始終沒有找到那個最好的。

但是，太陽已經西下，海灘上縱使有再多的好石頭，女孩既看不到，也找不到了。抑或女孩發現，其實之前丟掉的某顆石頭是她最喜愛的，但是猛然回頭，卻發現放眼望去每一顆石頭幾乎都被夕陽照得閃閃發亮，再也分不清哪一顆是她認爲最好、最喜歡的那一顆了。

我們常常忘記，對我們來說什麼是眞正重要的，什麼是眞正想要的；我們會被外表所蒙蔽，被華麗所吸引而忘卻事情的眞正本質。不過沒關係，上天還保留給我們一個恩賜，就是讓我們頓悟。

能夠及時覺悟，回頭永遠不晚。

有一個雲遊四方的道士，在某次旅途中，無意間撿到一顆寶石，便不以爲意地隨手裝入背袋之中。

有一天，道士碰到了一個疲累不堪的旅人，大方的他很自然地和旅人一同分享所有的食物。

當旅人發現道士背袋中的寶石，眼神中透露出欣羨。

道士見狀，毫不猶豫地便將寶石送給了旅人。旅人興奮地拿了寶石就走，嘴裡還直呼幸運。

但是，不過數日，那名旅人回來了，不但恭恭敬敬地將寶石還給道士，而且說：「師傅，我不要這顆寶石了，我要更貴重的東西，我想要知道是什麼樣的意念，使得你願意把這麼貴重的東西送給我？請教導我。」

沒有人要求我們成爲聖人，但是我們應該要求自己成爲問心無愧的人。我們不必施捨他人，但絕對不要傷害別人；我們不一定要表現關愛，但至少要做到不推拒、不排斥。

我們可以不捐獻，但我們要堅持不搶奪；我們不一定要行善，但我們要儘量減少惡的念頭。我們既然不是聖人，當然曾經犯錯，但是，只要我們能夠及時頓悟、及時改變，其實還是可取的，因爲我們阻止了錯的發展，增加了對的可能。

有一個說法是：「今天，每個人、每種狀況都可以增加我的成功，我自己的態度也能幫助別人成功。」

是的，我們不需要企圖從既定的模式中尋求成功的軌跡，也不需要一味地依循別人成功的道路。因爲，我們可以用自己的做法與步調，在與別人的互動之中，窺見屬於我們的成功藍圖。

就像故事中的道士與旅人，一個從對方身上學到不貪與捨得，另一個則學到醒悟與自覺；兩種頓悟都是人生中有價值的獲得。

沒有人是你的敵人，也沒有人是你的朋友，每個人都是你的老師。

——佛羅倫斯．史卡斐．馨

心懷感恩，便能珍惜所有樂於付出

常懷一顆感恩的心，我們就能看淡生命中的種種挫折。去看我們手中有的、值得珍惜的，我們將會更樂於付出關懷。

十七世紀英國詩人約翰．唐恩說過：「沒有人是一座孤島。」

我們每一個人都和其他人有關係，正因爲有了這些關係，才使得我們具有意義。在這個人與人的循環中，我們既要付出，也終有獲得。

我們不是一個人活著。我們每個人的生活，都是由千千萬萬人共同努力促成的。我們能夠坐在一起吃飯，是因爲有人種米、有人種菜、有人將豆子釀成醬油、有人運送、有人烹調……累積了無數人的努力，我們才能安心順利地吃一餐飯。

曾經聽過一個十分感人的故事，故事中小孩一家人，幾乎不敢去想「今天是感恩節」，因爲對他們來說，連下一餐在哪裡都不知道，更遑論準備什麼過節晚餐了。

就在一家愁雲慘霧，父母互相怪罪，幾乎吵起架來的時候，門鈴響了。

一開門，門外站了一個男人，手裡提了一只大籃子，裡面有火雞、水果，都是些應景的食品。男人把東西放在桌上便打算離去，全家人都楞住了，父親先回過神來問這是什麼意思，因爲他們雖然窮，卻窮得有骨氣，怎麼樣也不願意接受別人的施捨。

那個男人說：「這是一位覺得你們有需要的朋友送來的，我呢，只是個跑腿的傢伙。感恩節快樂！」說完便自顧自地離開了。

雖然只是一份感恩節晚餐，卻在小男孩心裡種下了一顆種子。

多年後，小男孩長大了，當他有能力養活自己和家人，也累積了一點積蓄，到了感恩節這天，他便會打扮成送貨員，將自己準備的一些食物，送到他認為需要幫助的人家中。

從對方感激卻疑惑的表情中，他感受到了一種人與人之間的溫暖與關懷，也更加體會，當年將溫暖傳遞給他的人的心情。

有一本書叫《查令十字路八十四號》，敘述一名美國女劇作家為了找尋幾本舊書，意外和一家英國舊書店結緣的故事。

隔了一道寬廣的大西洋，雙方展開了長達二十年的書信往返歷程，女劇作家覺得舊書店為她找到了物超所值的好書，於是順手郵寄了一些商品回報。

在當時二次大戰戰後，英國正值物資缺乏的時期，雖然只是一條六磅重的火腿，大家應該可以想像那些舊書店裡的員工、職員心中會是如何地感動。

所以，他們不但更加努力為女劇作家尋書，有時候女劇作家還沒開口之前，就已經為她尋來珍貴的版本。

而且，原本通信的對象只限於主要負責接洽的人員，最後全部的人都成了素未謀面，卻彼此互敬互愛的好筆友。

或許，有人會問女劇作家爲什麼花錢買書了，卻還要自掏腰包送食品？我們可以聽聽她是怎麼說的。

她說：「我打心裡頭認爲，這實在是一樁挺不划算的聖誕禮物交換。我寄給你們的東西，你們頂多一個星期就吃光抹淨，根本休想指望還能留著過年。而你們送我的禮物，卻能和我朝夕相處，至死方休，我甚至還能將它遺愛人間而含笑以終。」她還覺得自己佔便宜了呢！

或許，就是這樣彼此感恩的心情，才能促成一分長久的友誼。

不要非得等到實質的贈禮，才想到回饋別人，因爲我們其實時時刻刻都得到別人的幫助。

所以，當你清爽而又快樂地跨出家門的時候，應該要想：「在長長的生命隧洞中，一定有千千萬萬的人爲我唱歌，爲我照亮，爲我一斧一鑿擊穿頭頂的黑暗。」

能這麼想，你便能懷著感恩的心情踏出家門，而在自己能力所及之處，盡一份心力。

一個人沒有理由張揚自己的成績卓著。就像一朵花要開放，是憑藉泥土、陽光、雨露的滋潤餵養，才能成長綻放。再飽滿的一粒種子，失去培育的環境，也無處生根。

常懷一顆感恩的心，我們就能看淡生命中的種種挫折。不去看我們沒有的，而去看我們手中有的、值得珍惜的，我們將會更樂於付出關懷，而我們的收獲也將更加豐盈。

每天早上醒來時，期望能享受到真正生活的快樂，而我也將滿懷感謝地過這一天。

——安琪拉．渥茲妮可

忠實善盡自己的職責就夠了

我們給自己背了太大的包袱，給自己太沉重的壓力，其實，我們不一定什麼事情都執意自己來完成。

有一段膾炙人口的話是這麼說的：「心態就是人真正的主人，如果你不用積極的心態駕馭生命，那麼生命就會反過來駕馭你！你的心態將決定誰是騎師，誰是馬。」

用不同的心境面對環境，人生就會產生各種可能；你會擁有什麼未來，完全在於你用什麼心態面對現在。人生的道路很漫長，難免會遇到不如己意卻又無法改變的情況。這時候，不必患得患失，你唯一要做的就是要求自己盡責。

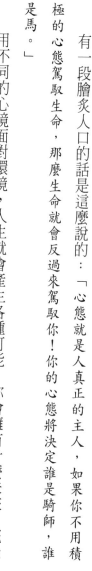

常常會聽到有人抱怨：「我擔心自己做不好」、「我這樣做，別人會怎麼想呢」、「我能做的這麼少，這樣下去能夠有什麼收穫嗎？」……

關於這些想法，我只能說你想得太多了。其實，你沒有那麼重要，事情也沒有那麼困難，即使天塌下來，還有比你高的人頂著，何必患得患失呢？

在一個月黑風高的夜晚，有一個人從抽屜裡取出一根蠟燭點亮，一路爬上一道又窄又彎曲的樓梯，他的腳步既快又平穩。

蠟燭忍不住地問：「我們要去哪裡啊？」

「我們要上去最高的塔台上，去爲歸航的漁船照亮他們的航程。」那個人嘴巴上回答，腳下一刻也沒停過。

蠟燭又說了：「可是，我的亮光這麼小，誰會看得見呢？」

那個人說：「你只管亮著就行了，別的事由我來負責。」

他們終於來到了長長的梯子的頂端，來到了一盞巨大的燈前面，小蠟燭被湊到了燈前，一下子點亮了大燈。

剎那間，強烈而刺目的光芒由大燈裡照射了出來，四下好幾海哩遠的海面，都可以看得到。

我們給自己背了太大的包袱，給自己太沉重的壓力，其實，我們不一定什麼事情都執意自己來完成，不然怎麼團隊合作呢？

再說，如果你只是蠟燭，別人也不會強求你去做大燈的工作。這並非說你不重要，而是每個人該在適當的時機和場合，發揮適當的功能；透過人與人之間的充分合作，才能讓整體變得更好，也更有效率。

我們常常以爲要去符合別人的期望，所以才讓自己感到壓力沉重，但是其實這個壓力是我們自己親手造成的，因爲是我們「想」去符合別人的期望。我們希望能因自己的所做所爲而得到讚賞，我們希望自己成爲不可或缺的，彷彿非得這樣才能證明我們的存在有意義。

擔心別人拒絕我們，疑慮別人對我們的表現不夠好而露出可惜的表情，那種感覺就像是害怕會被打落深淵一般，於是我們開始自怨自憐、開始焦慮擔憂，甚至覺得自己能力不足而感到羞愧。

但事實上，事情有這麼嚴重嗎？

我們眞的要去負擔我們能力以外的責任嗎？我們的力量不足就沒有存在的必要嗎？如果事情看起來沒有明顯的效果，就眞的沒有任何意義嗎？

或許，正如故事中所說的，就算我們只有一枝蠟燭的光芒，只要我們持續地亮著，堅持我們的工作崗位，自然就會產生功效。這麼想，便能讓我們更加認清自己的本質，眞正去喜愛自己，也才能讓自己過得更自在。

沒有必要地維持面子、戴上面具——不管你把隱藏在內心的完美主義稱作什麼，這都剝奪了我們生命的活力。

——蘿賓・沃辛頓

硬性規定不如循序漸進

我們以為得要去逼迫、去強求，才能得到所要的，卻不明白，溫和地營造氣氛，常常輕而易舉就能收得水到渠成的效果。

你有當過主管的經驗嗎？

有時候，你是不是會覺得與其去敦促別人行動，不如乾脆自己動手算了？下屬總是像老牛拖車一般，揮一鞭，拉一步，動一步，讓你費盡氣力卻成效不彰？

有沒有想過，你之所以會遇到這樣的困境，是不是因爲自己沒有掌握到更有效的方法呢？

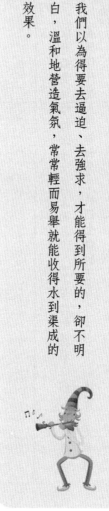

大家應該都聽過伊索寓言裡那個「北風與太陽」的故事吧。
話說有天，北風要和太陽比賽，看看究竟誰才是眞正的強者。
面對風的挑釁，太陽不置可否地說：「好啊，你想怎麼比？」
北風說：「你看見下頭那個穿著外套的老人了嗎？我們來比賽，看誰可以最快讓他把外套脫下來。」太陽點頭同意。
於是，北由風先來。它鼓起了腮幫子，用力地對著老人狂吹，希望以最猛烈的勁風將老人的外套給吹下來。
突如其來的狂風，果然差一點將老人的外套吹飛，但是冷得直打哆嗦的老人連忙將外套抓住，緊緊得把自己裹了起來；北風吹得越急，老人便將外套裹得越緊。
北風吹得累了，還是不能將老人的外套吹落。
這時，太陽從雲後走了出來，散發無限熱力，暖洋洋地照耀在老人身上。沒多久，全身發汗的老人便開始擦汗搧涼，最後乾脆把外套整個脫了下來。

比賽勝負不言而喻，太陽對北風說：「溫和友善永遠強過激烈狂暴。」

這樣的故事是不是給了我們一些啟示呢？

很多時候，我們以爲得要去逼迫、去強求，才能得到我們所要的，卻不明白，如果能溫和地營造氣氛，常常輕而易舉就能收得水到渠成的效果。

比方說，有位母親想要讓她的孩子把房間收拾乾淨，每天一邊罵、一面嘮叨地幫他收拾，顯然不會有即刻的成效。

孩子還是會把房間搞亂，反正聽媽媽的叨唸房間就會恢復整齊，有時聽得煩了還會回嘴幾句，把媽媽氣到不行。倒不如把自主權全部交到孩子手中，他要亂隨他去亂去，等到他什麼都找不到的時候，他自然就會明白不整理房間是不行的。

有些老闆常常會對員工訂出某些規則，有時候突如其來的政策大轉彎，往往讓員工不知所措，進而發生嚴重反彈。這樣的管理方式，顯然是給自己找麻煩。

畢竟員工和老闆發生對立，工作成效自然低落，最後將會是一種雙輸的結果。反過來，如果老闆能夠成功地讓員工認同政策的轉變對員工有利，那麼員工是否會更樂於去順從規則？心情愉悅之外，同時更樂意去爲企業開創績效，成功達到雙贏的結果呢？

管理學家玫琳凱．艾斯曾經說：「如果一個經理不受部下喜愛，那麼在他遇到困難時，他的部下是不會向他提供他所需要的支持的。」

顯然，管理者如果能夠採取循序漸進的方法去推動，減少下屬的反感與反抗心，比起任何硬性的規定都有效果。

把部屬當成一個人而不是機器，給予適度的尊重與和善，就能換得尊重與和善，何樂而不爲呢？

管理的首要目標應是保證雇主和每一個雇員都能獲得最大限度的興旺發展。

——弗雷德里克．泰勒

PART 9

後退，是爲了再度前進

眼前的失敗是為了下一次的成功做準備，
我們何須沮喪於眼前的挫折？
那些都只不過是為了琢磨我們成長的過程！

多方嘗試才能適應變動環境

在處理問題之前，應該要能事先保持警覺，主動去預設可能問題、沙盤推演，多方嘗試去適應環境。

每個人都知道，這世上沒有順遂無憂的人生，困境和挑戰可能會在下一個轉角出現。當你遭逢了困境，你會不會試著逃脫？你又該如何因應？

過去前輩的經驗當然可以參考，當然可能讓我們有許多啓發，但並不代表按照他們的老路去走一定能夠奏效。

因爲，環境在變，參與其中的個體也不盡相同，這麼多的變數相乘，怎麼可能只用一套招式就能走遍天下呢？

有位科學家曾經做過這樣一個有趣的試驗。他把幾隻蜜蜂放入一個瓶口敞開的瓶子裡，但是把瓶身側放，也就是說，瓶口是在側邊而非上方。接著，他將瓶底面向光源。

根據實驗的結果發現，蜜蜂會一次又一次地往瓶底的部位飛去，企圖飛近光源。即使一次又一次地失敗，牠們也不會試試另一個方向，只是一逕地重複同樣的動作，直至筋疲力盡爲止。

這位科學家接著又做了一個試驗，這次瓶子裡不放蜜蜂，改放幾隻蒼蠅，同樣將瓶身側放，讓瓶底向光。

不同的是，不到幾分鐘，所有的蒼蠅都飛出去了。

這些蒼蠅並不是固定朝某一個方向飛去，而是多方嘗試，不管向上、向下、面光、背光。雖然蒼蠅常會一頭撞上玻璃，但最後總會振翅飛向瓶頸，一下子飛出了瓶口。

這個實驗給了我們一個不同以往的啓示，很顯然的，「橫衝直撞要比坐以待斃高明得多」。

蜜蜂朝同一個方向飛撞的動作雖然極有毅力，但是卻因爲過於執著於某一種模式，反而讓自己陷入了困境深淵。或許，這是因爲瓶中的環境對牠們來說是一種全新的情況，是牠們生理結構始料未及的情況，因此牠們無法適應改變之後的環境。

但是，這卻讓我們看出，當我們預設的解決方案沒有辦法直接解決問題時，如果一意孤行，不只耗費力氣，對實際狀況沒有幫助，更是把自己的路走窄了，到了寸步難行的地步。

反觀蒼蠅的做法，雖然乍看之下有點亂無章法，顯得毫無頭緒，不過一旦發現錯誤，立刻掉頭重新修正方向，或許剛開始不免感到受挫，但終究會找出正確的道路。

所以，我們在處理問題之前，應該要求自己事先保持警覺，主動去預設可能問題、沙盤推演，多方嘗試去適應環境。當原有方法成效不彰的時候，就要試著另尋出路，而非因循舊故，這樣才不致於將自己困在死胡同裡，也才能走出自己的新氣象。

我有這樣的結論：「隨時提高警覺」，並不是軍隊裡的危機意識訓練，而是不斷敏銳觀察，發生任何事都能接受。

——喬安娜．菲爾德

後退，是為了再度前進

眼前的失敗是為了下一次的成功做準備，我們何須沮喪於眼前的挫折？那些都只不過是為了琢磨我們成長的過程！

一直沒有機會親眼看見回溯溪流的鮭魚，每當聽到鮭魚迴游溯溪產卵的故事，就不免打從心底喝采。

從相關的動物影片介紹中，我們可以很清楚地看見，一隻隻長大成熟的鮭魚，背負著自己一生中最大的任務，一次又一次地與逆向沖刷的溪水拼鬥，不斷地奮勇向前游。

有時候溪水的力道強，鮭魚不免被沖得老遠，但是牠們一點也不會退卻，一點也不會放棄，只會稍微停留休息一陣，便再度提起氣力向前游去。

即使只有一吋，牠游一吋，即使只有一呎，牠游一呎，直到游到那最乾淨的水域，最適合下一代鮭魚寶寶成長的水源爲止。

像這樣鍥而不捨的行動，難道不令人感動嗎？人生際遇就像河水滾滾而來，我們是否應該學學鮭魚的拼勁，爲我們的未來找尋一片最乾淨的源頭、一片最清澈的水域？

我們或許會被河水衝擊，或許會覺得疲累，但若想要獲得美好的遠景，我們得向前游去。

然而，一味地前衝難免氣力消耗殆盡，怎麼辦呢？

仔細觀察那鮭魚的游法，游一陣、停一陣，雖然被溪水沖得老遠，但只要牠休息夠了，就能有力氣躍上另一段水流。

這顯然給了我們一個寶貴的啓示：「後退，是為了再度前進；休息，是為了走更長遠的路。」

老生常談？沒錯，但是這樣的智慧既然能夠歷經了自然與時間的錘鍊，是不是也應該値得我們效法呢?

有個人因爲生意失敗覺得心灰意冷,總算在朋友的開導下,來到大自然裡散散心。走著走著,生命中的挫折一直困擾著他,讓他心煩不已,一點也沒辦法好好欣賞周遭的景色。

就在他走得腿酸腰痛坐下來歇息的時候,有一種生物抓住了他的視線。那是一隻蜂鳥。那隻蜂鳥飛在花叢間,長長尖尖的嘴喙伸進了花蕊中間吸取花蜜,爲了維持這個動作,蜂鳥不停地拍動著翅膀。

看了一會兒,這個人發現蜂鳥特殊的飛行姿勢,因爲這小小鳥兒並不是始終不停地向前飛,而是先後退一點,再繼續往前。

看著蜂鳥向後飛挺的優美姿勢,他的心漸漸平靜了下來。

他不禁想,爲什麼人只有向前走的選擇,一個沒有退路的人生該有多麼可怕!

於是,他豁然明白了,眼前的失敗其實是爲了下一次的成功做準備,如果沒有這一次的失敗經驗，他便不能明白自己的想法有什麼缺陷，什麼做法會爲自己帶來危機。

想到這裡，他的心也開闊了，不再沮喪自己的失意，反而鼓起追求下次得意的熾烈信心。

於是，他滿懷著對自然的謙卑和謝意，從容地走下山去。

相信這一趟親近大自然的旅行，已經使他明白印第安人的智慧名言：「一切生命均來自那座大山！」也能了解爲什麼海明威會說：「帶著你的創傷到曠野療傷！」

因爲，自然的偉大可以使我們謙卑，我們的成就與失敗，放到自然界的循環之中是何其渺小！

一株小樹從成長到茁壯，需要經過多少的滋養與吸收轉化的過程，儘管歷經風吹雨打和蟲蛀，這株樹依舊能穩穩地豎立在那裡，這便是自然的力量。

思及此，我們何須沮喪於眼前的挫折？
那些都只不過是爲了琢磨我們成長的過程！
所以，當你覺得失望甚至無望的時候，走一趟大自然吧，在那裡我們可以學會許多應該學卻忘記學的事物。

接受磨練的時刻已經開始。誰能教給我們所需要學習的事物，我們就是他的學生。

——瑪莉亞．伊莎貝兒．巴瑞諾

心甘情願背負甜蜜的負荷

有人可以相互依賴的感覺其實也很甜蜜，雖然負擔很沉重，
卻是不忍棄之不顧的甜蜜負荷。

你是不是覺得生活裡的壓力壓得你喘不過氣呢？
你會不會有時候想拋棄一切，逃到一個你什麼都不用想的地方去？
你會不會有一種想要大吼「我什麼都不管了」的衝動？
如果三個答案都是「是」的話，請你放自己一天假。
買張票，搭個車，到一個你沒去過的目的地，就算只待在車站裡發呆也好，給自己一個什麼也不用想的機會。然後，你就能真正明白，你想要的究竟是離開

還是留下。

有一個人爲了逃避生命中的種種煩惱，躲到一座深山裡面。在深山裡，他遇見了一個背筐拾柴的隱士。

他忍不住對隱士訴說了自己的煩惱，他說：「我覺得生活的擔子越來越重，幾乎到了不能忍受的地步。我不想這樣過日子，我想要輕鬆快樂，所以才逃到這裡。但是，到了這裡我還是快樂不起來，我還是常常要想，那些擔子沒人接手怎麼辦？」

隱士看了他一會兒，沒多說什麼，只是請他幫忙背起那個竹筐。兩個人一起走了一會，隱士問那個人有什麼感覺。

那個人回答說：「我覺得這只筐變得越來越重了。」

隱士說：「這只筐之所以會變得越來越重，是因爲我們一面走著，我一面將撿拾到的柴放到筐裡。雖然竹筐越來越沉，卻也表示我撿的柴越來越多了。同樣的，你也是這樣感受生活，你可以想，當我們來到這個世界上的時候，身上都背了一只空筐，隨著我們每走一步，都會從世界撿拾一些東西放進去，所以你當然會感覺負擔越來越沉重。」

那個人不禁問：「那我可以減輕這些負擔嗎？」

隱士聽了，笑著回答：「當然可以，工作、愛情、家庭、友誼……你想要捨棄哪一種？」

那個人沉思了起來，因為他考慮了許久，發現每一樣事物都是他不願意放棄的，也是他無法捨棄的。

於是，他搖搖頭說：「我都不願意捨棄。」

隱士微微一笑說：「既然沒辦法割捨，又何必割捨？何不背著裝滿『柴薪』的竹筐大步向前走呢？」

在社會裡，我們不是獨立存在的，我們因為和別人相互連結產生了關係，所以才能界定出自己的位置。

古時候的人在稱呼自己時，會在名字之前加上父親的名字。這樣的例子，我們可以在《魔戒》裡看到，人王亞拉岡他在自我介紹時一定會說：「我是亞拉松之子，亞拉岡。」

從這一句話裡不但可以顯現出自己的淵源，以及對過往的尊重，還有對於承襲而來的所有榮辱尊卑心甘情願地接受。

然而，這些關係無形中也爲我們帶來了負擔，因爲有關係所以互相牽絆，互相依附，也讓彼此分擔了對方肩上的責任。

負擔只會越來越沉重，因爲隨著年歲的成長，所鏈結而來的關係也越來越多，所肩負的責任當然也越來越多了。如果沒有一個可以喘息的空間，的確會讓人難以承受。

但巧妙的是，一旦你有機會逃離這一切，只剩下自己孑然一身的時候，你又會開始寂寞地思念那些關係。

就像最前面所說，絕大多數的人思索之後所做出的選擇還是「留下」，因爲不捨離去。

終於有機會自己獨立生活時才能明白，原來有人可以相互依賴的感覺其實也很甜蜜，雖然負擔很沉重，卻是不忍棄之不顧的甜蜜負荷。

生活裡的每件事，如果我們一旦接受都，是一種改變，把受苦變成愛，是一種奇妙的事。

——凱薩琳·曼殊斐爾

擺脫既定成見，活出自己的人生

人生不一定要順隨著世俗的道路去走，如果走得顛簸苦痛，
為何不乾脆按照自己的步調來行動呢？

不知道大家有沒有發現，自己有時候會在不知不覺中把別人的想法當成自己的，爲了附和朋友、爲了順從家人、爲了逢迎上司……爲了符合許多社會既定價值規範，我們悄悄地掩埋自己最內在的需求。

可能你愛玩電動，卻怕被視爲玩物喪志；可能你想拍電影，卻怕辜負了家人的期望；可能你想出國散心，卻怕拖累了工作進度……有很多的可能，但結局都是一樣的——我們做了不想做的事，悔恨沒有做想做的事。

可是，有時候我們又不免要想，社會價值所設定的道路，眞的都是康莊大道嗎？每一個人走起來都能同樣春風得意嗎？萬一繞進羊腸小徑裡，就眞的會迷失方向嗎？

這些問題不會有正確答案，因爲，只有答題的人，才能回答他自己的疑問。

有一本圖畫書，書名叫《失落的一角》，內容敘述有一個圓被切去了一角，它想讓自己和所有的圓一樣，變得完整沒有殘缺，於是開始了一趟旅程，目的是要去尋找它失落的那一部分。

由於它缺了一角，所以沒有辦法快速滾動，不過也因爲這樣，它能夠在路旁欣賞野花、和毛毛蟲聊天，盡情地享受燦爛的陽光；而且缺了一角讓它有了一張大口，可以開心唱歌。

一路上，它找到過很多碎片，可是那些碎片都不能剛好符合它的缺角，它只好失望地繼續向前找去。有一天，終於找到了，它很開心地將碎片補上，它們終於變成一個完整的圓了，一起滾向屬於它們的快樂新世界。

這個圓因爲非常密合、非常完整，所以它們能夠一起快速地滾動。但是，它也發現它的世界變得完全不同了，它再也無法停下來欣賞路邊的美景，每天只是不停地滾啊滾，轉得它昏頭轉向、一片茫然。

它開始想念過往的生活，想念野花、毛毛蟲以及和暖的陽光，因爲它已經許久沒有唱過歌了。

有一天，它們發生了一次猛烈的撞擊，再度分裂爲一片碎片和缺了一角的圓。遺留下它的碎片，缺了一角的圓獨自地向前滾去。

是不是很像人與人之間的關係呢？因爲世界上所有的圓都應該是完整的，所以缺了一角的圓是有缺憾的，它必須去補足，自己才能圓滿。

它費盡了力氣，走得顛顛簸簸，雖然找到了它失落的，雖然補好了，但還是不免覺得自己失去了許多。最終，它寧願拋下自己曾經極力尋找的碎片，獨自而行。

人生不一定要順隨著世俗的道路去走，如果順著走能夠走得開心愉快那倒也還好，如果走得顛簸苦痛，爲何不乾脆按照自己的步調來行動呢？

勉強自己，或許可以達到目標，但是收穫卻不見得讓我們感到滿足，如此又何必讓那些既定的框架束縛住我們的想法呢？

有人說：「在生活中，你不會永遠有特權去做你高興的事。但是你有權利從你的所作所為中得到最多的樂趣。」

這當然是一種自我安慰的想法，但是換個角度來想，只要你能在過程之中找到滿足自己的樂趣，那麼這些事情才是應該優先去做的。

只有擺脫成見、擺脫原來束縛自己的想法，我們才會有心胸開闊的感覺。

——芭芭拉．華德

成就，必須靠自己造就

你終究得選出一個做法，然後敦促自己盡力去完成，那麼不論成或敗，都是你個人的成就。

莎士比亞說過一句很值得玩味的話：「一切的成敗得失都在我們自己，然而我們卻往往諉之於天意。」

每個人都想成功，每個人都想發達，但是不可諱言的，總有人達不到，而且達不到的比例還挺高的。於是，每個人都開始怪罪，怪老天不公平、怪老爸不富有、怪老媽沒辦法、怪兄第不幫忙、怪朋友沒義氣……有罪的都是別人，從來不是我們自己。

回過頭來想想莎士比亞的話，我們的過去難道不是我們自己造成的嗎？

有人可能會爭辯：「我是被逼的！」可是，說穿了，讓人逼成的也是自己，不是嗎？我們的每一個作爲，都是自己同意之下才做出來的，不管我們願不願意承認。

別人當然脫不了關係，但是這個「關係」卻是我們自己牽成的，是我們自己讓這層關係發揮了作用。

所以，如果你沒有成爲大官，沒有成爲富豪，沒有成爲好人，沒有成爲一個閒人……你要檢討的，絕對是自己。

晉代時，車胤從小好學不倦，但因家境貧困，父親無法爲他提供良好的學習環境，爲了維持溫飽，也沒有多餘的錢可買燈油供他晚上讀書。因此，他利用白天的時間讀書，而夜晚就只能背誦詩文。

夏天的一個晚上，他正在院子裡背文章，忽然見許多螢火蟲在低空中飛舞。

一閃一閃的光點，在黑暗中顯得有些耀眼。他想，如果把許多螢火蟲集中在一起，不就成了一盞燈嗎？

於是，他去找了一個白絹口袋，隨即抓了幾十隻螢火蟲放在裡面，再紮住袋口，吊了起來。雖然不怎麼明亮，但可勉強用來看書了。從此，只要有螢火蟲，他就去抓一些來當做燈用。由於他如此勤學苦練，孜孜不倦，後來終於謀得了職位很高的官。

同朝的孫康情況也是如此。由於沒錢買燈油，晚上不能看書，只能早早睡覺，使他覺得讓時間這樣白白浪費，非常可惜。

一天半夜，他從睡夢中醒來，把頭側向窗戶時，發現窗縫裡透進一絲光亮。原來，那是大雪映出來的，此時，他突然認爲可以利用它來看書，於是他倦意頓失，立即穿好衣服，取出書，來到屋外。他發現寬闊的大地上映出的雪光，果眞比屋裡要亮多了。

孫康不顧寒冷，立即看起書來，當手腳凍僵了，就起身跑一跑，同時搓搓手指。從此以後，每逢有雪的晚上，他就不放過這個好機會，孜孜不倦地讀書。

這種苦學的精神，促使他的學識突飛猛進，成為飽學之士。後來，果然也當上了高官。

有人可以為了讀書，不惜屈就惡劣的環境，不怕身體所受的種種苦痛，有人卻做不到。這種現象說明了，當你真的下定決心去做一件事時，其實什麼事都阻擋不了你。

車胤和孫康能夠孜孜不倦地學習，即使外在的環境給予了他們無窮的壓力，但他們並不因為如此而挫敗了自己的志氣，仍然努力不懈地朝著自己的目標前進，最後終有所成。

法國小說家左拉曾經勉勵同時代的人說：「生活的道路一旦選定，就要勇敢地走到底，絕不回頭。」

當我選定了我的道路，我要堅持我自己的方向與目標，不管路上有任何險阻，我要想盡辦法去克服。我會想起羅曼．羅蘭所說的：「累累的創傷就是生命給你的最好代價，因為每個創傷上面都標誌著前進的一步。」

我會相信，穿越生命中的層層阻礙所遺留下來的傷痕，是光榮的，也是證明了我的努力與存在。

二十世紀最偉大的科學家愛因斯坦說：「人們把我之所以成功歸功於我的天才，其實我之所以成功不過是刻苦罷了。」

法國作家雨果說：「對那些有自信心而不介意暫時成敗的人，沒有所謂失敗！對別人放手而他仍然堅持，別人後退而他仍然前進的人，沒有所謂失敗！對每次跌倒而立刻站起來，每次墜地反而像皮球一樣跳得更高的人，沒有所謂失敗！」

每個人都在爲自己的人生繪製藍圖，每個人都在順著自己的人生方向走。還有更多的人可以在你人生旅途中，告訴你怎麼樣能夠得到成功、怎麼樣能夠得到幸福。

你可以參考他們的說法，你也不一定要相信他們，但最重要的是，你終究得選出一個做法，然後敦促自己盡力去完成，那麼不論成或敗，都是你個人的成就。

幸福的感覺必須用心體會

有慾望，才會有夢想，而有夢想，才有人生努力的目標。

但是如果只是不斷地沉浸在幻夢之中，是不會有任何獲得的。

夢想是美好的，每個人都希望自己有一天能夠美夢成眞。夢想，給了我們生命前進的動力，以及忍受現實困境的耐力。

只不過，往往我們會將夢想設定得太高太遠，認爲得到夢想的方法很困難，以致於常常輕忽了，希望與幸福其實就在身旁。

然而，不珍惜自己所有與不知足身旁的幸福，當失去的那一刻，痛苦與懊悔將更甚於那追求不到的夢想。

有這麼一個「金鳥」的寓言故事告訴我們，幸福是多麼容易因爲我們的輕忽，而從我們的身邊溜走。

有一個樵夫，每天上山砍柴，日復一日。一天，樵夫在上山砍柴的途中，見到一隻受傷的銀鳥。

看見銀鳥全身裹著閃閃發光的銀色羽毛，樵夫欣喜地驚呼：「哇！我從來沒有看過這麼漂亮的鳥！」於是，他把銀鳥帶回家，專心替銀鳥療傷。

在療傷的日子裡，銀鳥每天唱歌給樵夫聽，樵夫過得很快樂。

有一天，鄰人看到樵夫的銀鳥，告訴樵夫他看過金鳥，金鳥比銀鳥漂亮上千倍，而且，歌也唱得比銀鳥更好聽。樵夫想著，原來還有金鳥啊！

從此樵夫每天只想著金鳥，再也不仔細聆聽銀鳥清脆的歌聲。希冀難得，讓他萬分沮喪，日子也過得越來越不快樂。

樵夫鎮日坐在門外，望著金黃的夕陽，幻想著金鳥的美。幾個月後，銀鳥的傷已經康復，準備離去。銀鳥飛到樵夫的身邊，最後一次唱歌給樵夫聽，樵夫靜靜地聽完，沒有欣喜與感動，只是很感慨地說：「你的歌聲雖然好聽，但是比不上金鳥；你的羽毛雖然很漂亮，但是比不上金鳥的美麗。」

於是，銀鳥在樵夫身旁繞了三圈作爲告別，便朝向金黃的夕陽飛去。

樵夫望著遠去的銀鳥，突然發現在夕陽的照射下，銀鳥竟變成了美麗的金鳥；他夢寐以求的金鳥，原來一直就在自己身旁，但牠已經飛走了，飛得遠遠的，再也不會回來。

美國知名作家魯塞．康韋爾在《鑽石之地》中寫道：「鑽石並非藏諸深山或彼方大海，它們就埋在你後院，如果你願意用心挖掘。」

樵夫本來以自己能擁有銀鳥爲樂，卻只因爲旁人的一句話而改變了心意，繼而影響了自己的心情。他爲他企求不到的夢想而感到沮喪，他爲他擁有得不夠多而感到失望，原本快樂自足的生活，頓時成了欲求未滿的煉獄，他沒有發現他的生活在知道有金鳥存在之前與之後其實並沒有兩樣。

的確，有慾望才會有夢想，而有夢想，才有人生努力的目標。但是，如果只是不斷地沉浸在幻夢之中，是不會有任何獲得的；那就像是醉了酒、吸了毒，只是對現實的一種逃避。

康韋爾的話說得很好，許多事物只掩埋在塵土、潮水之中，遮蓋了原有的光華，未經用心挖掘、琢磨、洗滌，是看不見的。那些並不一定需要橫山跨海去追尋，可能就在你我周遭，可能就在你我身旁。

如果我們不去發掘、不去體會，甚至不懂珍惜，那麼等到某一天，當那些珍寶如同那美如幻夢的金鳥般消逝時，無盡後悔的感受再怎麼苦澀，我們只能吞下。

別再抱著虛浮不切實際的幻想不放了吧！別人的樓房蓋得再美，也終究是別人的，我們如果真的想要，就要自己想辦法蓋一棟，否則就只能望樓興嘆。再說，我們又如何得知，那完美的樓房真的比得上自己的小窩溫暖？

細細品嘗人生的種種滋味

淡然有味的生活，其實也是一種幸福。能夠以至誠之心繼續領受歲月的教誨，自然能品味生命的樂趣。

偶然聽見一個晚輩這麼說：「人生一點意思也沒有！」

這樣的說法聽起來很憤世嫉俗，我不禁問他爲什麼會這麼想。

他百無聊賴地說學校每天都上一樣的課眞無聊，家裡不是吃飯睡覺，就是看那些不知所云的電視節目，也是無聊透頂，反正生活好像都只能一成不變，這樣一輩子不知不覺地殺時間，有什麼意思。

我又問他那什麼樣子的生活才有意思呢？一時間他似乎也回答不出個所以然，

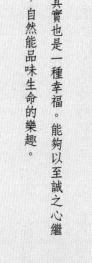

只是聳聳肩，彷彿我又問了個無聊的問題。

突然，我想起了那個曾經讀過故事。

有位作家寫了一篇文章，提及父親的朋友談起關於吃東西的感觸。他說：「年輕時，吃東西講究『大甜大鹹』。喝茶時，一只小小的杯，卻放了足足三大湯匙的茶葉。煮紅豆湯、綠豆湯，一大勺的白糖就往鍋裡頭倒，每啜一口，都好似將液體的白砂糖倒進喉嚨裡。吃東西時，不管端到眼前來的是什麼，都必須『敬禮』似的在上面倒一圈醬油。大甜大鹹，充分地發揮了『敢死隊』的精神。」

後來他才發覺，自己對人也是一樣的：大愛大恨。心裡喜歡，便覺得對方十全十美、無懈可擊；心裡討厭，便覺得對方缺點多如牛毛，一無是處。在那種年輕得不知天高地厚的日子裡，不屑也不願掩飾那一分「自以爲是」的感覺，往往「誤傷他人」而不自知。

慢慢地，人到中年，健康意識提高，飲食口味改變，以「微甜」和「微鹹」作爲烹調食物的準則。過去，對於那些甜鹹不分、味道曖昧的食物總是深惡痛絕。可是現在，不但接受了，而且，居然漸漸喜歡了那種甜中有鹹而鹹中有甜的感覺，才明白這原本就是人生的寫照嘛！

顯然，年輕的時候，總會想做一番轟轟烈烈的大事業，過痛痛快快的生活，大喜則盡情歡笑，大悲則放聲大哭，把情緒揮灑到了極致，彷彿唯有如此才算是認眞地生活。

但是，隨著歲月的流轉，歷經人與人之間的種種交往，才明白那樣大喜大悲的人生態度，雖然過得精采，卻也過得累人，於是才漸漸喜歡上潺潺流水般的生活，雖然流速緩慢卻能細看周邊風景，體會出淡中有味的感受。

故事說得很傳神，讓我明白，現在說什麼都沒有辦法讓那個晚輩聽進耳朵裡去。因爲，他正値那樣年輕得不知天高地厚的日子，認爲生命就要揮灑得精采，就要用盡各種燦爛的顏色，才算活過。非得等到他經過歲月一年一年的洗禮之後，才能夠去體會那種淡然有味的生活，其實也是一種幸福。

當然，澎湃的海浪所激起的浪花，會有一種壯闊的氣魄，很美；細水長流所傳出的潺潺水聲，也同樣有一種寧靜之美。

能夠以至誠之心繼續領受歲月的教誨，自然能品味生命的樂趣，我們將會發現，每一刻都是一種學習，每一刻都是一種美感，而且絕不無聊。

美是從生命內部射出的光芒。

——庫魯拿

換個角度，就有不同啟示

我們可以過得很快樂，也可以過得很痛苦，差別就在於我們究竟是怎麼想的，所以，小心管好自己的腦子吧！

弗列德利曾經說過：「兩個人從同一座城堡由內往外望，一個望的是泥土，另一個望的是星星。」

這句話無疑告訴我們，如果我們用不同的心態去看待眼前的問題，那麼最後所得出的答案，勢必也會有所不同。

人生在世，超過一半以上的失敗和煩惱，其實都來自於我們自以爲是的錯誤心態，因此才會讓自己陷入自怨自艾的心靈禁錮之中。

我們會擁有什麼樣的未來，其實完全在於我們用什麼心態去面對現在；想要改變自己的未來，首先必須改變自己的心態。

最近讀到一句很好的話，寫下來和大家分享：「你的人生之所以辛苦，是因為你的心裡這麼認為，並將這種想法融入你的生活裡。因此，你和想法之間便畫上了等號。」

沒錯，人是思考的動物，可是該想的認眞去想，至於不該想的，爲什麼執意要去胡思亂想呢？

如果只會用一些負面的思緒來牽引我們的生活，那麼每天一定過得愁雲慘霧；自己把門窗封死了，陽光怎麼進得來？

看看下面這個故事，你可能會決定改變你的想法。

有一個小男孩參加了學校舉辦的長跑比賽。他一臉得意的模樣回到家來，他的父親看他那麼高興的樣子，就問他是不是得了第一名。

他說：「沒有啊，我得第二名。」

父親聽了，覺得很奇怪地問：「你得了第二名，為什麼還這麼高興？」

小男孩一臉認真地回答說：「爸爸，你不曉得，那個第一名不知道被我追得有多慘呢！」

是啊，為什麼得到第二名要不開心呢？只要我們願意開心，我們就能活得開心；只要我們想要快樂，我們就能得到快樂。

現在知道為什麼「想法」這個東西對我們影響這麼大了吧？如果我們放任自己隨便亂想，那麼我們很可能一下就被「想法」帶著亂跑，萬一不小心鑽進牛角尖裡，可就不好了。

詩人荷馬曾經在史詩中寫道：「如果能在希望中獲得力量，當然在絕望中，同樣也能獲得。」

通常，當我們陷入絕望境界的時候，往往會對未來抱著悲觀和沮喪，但是，假如我們可以改變心態，把絕望當成是希望來臨之前的曙光，那麼我們即可輕輕鬆鬆地改變原本不被我們看好的未來。

三不五時要把腦袋換個邊，換個角度來想。

其實，就算眼前出現阻礙，誰說只有動手去把阻礙移開這個方法？說不定上蒼就是要讓我們繞路，要我們去看看另一個方向的風景，找到另一種際遇。

如此一來，你說那個阻礙有什麼可惡之處？

我們可以過得很快樂，也可以過得很痛苦，差別就在於我們究竟是怎麼想的，所以，要小心自己的「想法」，快快管好自己的腦子吧！

一切痛苦能夠毀滅人，然而受苦的人也能把痛苦消滅！

——拜倫

PART 10

你可以主動拒絕挫折

不讓挫折有機會近身，
就要堅持以正向的角度來看待事情，
不要讓別人的負面想法影響我們的思緒。

掌握心的方向，輕舟也能渡過險灘

漸漸放寬心的想法，就能漸漸放鬆自己的做法，乘著輕舟，漂過逆境與險灘，也是一種自在的方法。

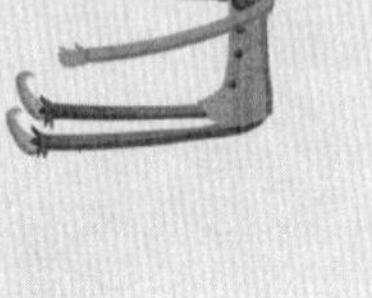

有一個觀念很有意思，那就是：「能影響你的，不是別人，不是外物；能影響你的，只有你自己。」

仔細想想，這句話其實說得滿有道理的。

雖然在某些情境引導之下，可能會改變了我們的行事作爲，但是，如果不是我們自己決定要順隨形勢，那麼，形勢是沒有辦法改變我們的。

簡單舉一個例子，一個人到了餐廳準備點菜吃飯，他本來想點排骨飯，卻發現周圍的幾位客人全都點了雞腿飯，老闆也大力推薦今天的烤雞腿，說不定這個人後來眞的決定改點雞腿飯。

這樣的結果當然起源於周遭環境的影響，但是卻不能說是環境幫他做了決定，因爲眞正做出決定的是他自己。

每一個人都有權爲自己做決定，當然，也有義務爲自己的決定負責任。

希臘大哲學家蘇格拉底，有一天和一位老朋友在雅典城裡悠哉地散步，一邊走一邊愉快地聊天。

忽然，有位憤世嫉俗的青年出現，拿起棍子打了他一下就跑走了。

他的朋友看見了，氣得立刻回頭就要找那個傢伙算帳。

但是，蘇格拉底拉住他，不讓他去報復那人。朋友覺得很奇怪，就問：「難道你怕這個人嗎？」

蘇格拉底說：「不，我絕不是怕他。」

朋友又問：「那麼人家打你，你都不還手嗎？」

此時蘇格拉底笑著說：「老朋友，你糊塗了，難道一頭驢子踢你一腳，你也要回踢他一腳嗎？」

突如其來的災禍，總不免令人感到憤恨不平，「爲什麼會是我」的疑問，在心頭縈繞不去，心生報復感是理所當然的反應。但是，如果我們讓自己被報復心困鎖住，我們就永遠掙脫不開，也永遠得不到眞正的自由。

因爲，一旦我們的心念被仇恨佔滿，我們所做的一切都是爲了復仇，那麼等到仇報完了，我們也一無所有了。

關於這點，蘇格拉底想得自在，他不會讓這些不愉快的事物束縛住自己，雖然無緣無故被人敲了一棒，但是當作被瘋驢踢了一腳也就罷了，讓這種莫名其妙的事毀了一整天的好心情，眞是一點也划不來。

再說，與人抗爭、針鋒相對，總會有輸有贏或者落得兩敗俱傷，又何必呢？

倘若我們輸了，原本的傷痛又再狠狠地劃上一刀，徒增痛苦；倘若我們贏了，對方他日必來報仇雪恨，恐怕是冤冤相報何時了，鎮日想著對方什麼時候會來報仇的人，又何嘗不是一種心理負擔呢？

不妨就依蘇格拉底的法子試試，當被瘋驢踢了一腳就算了。或許，驢子是瘋了，那執著要去反踢驢子一腳的人，豈不是和驢子一樣嗎？

不要忘了，每一個人都要承擔自己決定後所得到的結果，不想受什麼果，就別造什麼因。

漸漸放寬心的想法，就能漸漸放鬆自己的做法，乘著輕舟，漂過逆境與險灘，也是一種自在的方法。

有時候，贏比輸更糟糕。

——比莉．賀立德

憂愁，都是自己找來的

人生最糟不過如此，轉機就在下一個轉角發生。心轉了一個方向，眼界也會開闊許多；眼界寬了，希望才進得來，不是嗎？

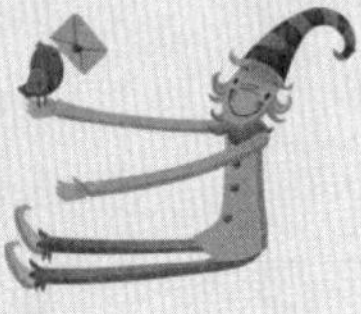

《聖經後典．便西拉智訓》中收錄了這樣一句話：「嫉妒與憤恨會知人的壽命，煩惱焦慮使人未老先衰。」

莎士比亞也在《威尼斯商人》劇作裡這麼說：「一個人思慮太多，就會失去做人的樂趣。」

的確，很多時候，憂愁都是自己找來的。請小心，自尋煩惱，將會嚴重影響到我們的生活品質。

有一名家具商，由於經濟不景氣使他的家具生意大受影響。他每天看著帳冊也煩，不看帳冊也煩，整天心情鬱悶，每天晚上更是都睡不好覺。

妻子見他一直這麼愁眉不展，心裡感到十分不忍，就建議他去找心理醫生，看看有沒有什麼解決的辦法。

於是，他便找了一天到醫院去看心理醫生。

醫生見他雙眼佈滿血絲，便問他說：「怎麼了，是不是受失眠所苦？」

商人說：「可不是嗎！」

心理醫生試著開導他說：「這沒有什麼大不了的！你回去以後如果睡不著，就數數木材吧！」

商人聽了這話，認爲這應該會是個不錯的方法，道謝之後便離去了。

沒想到第二天一早，他又來找心理醫生了。只見他雙眼又紅又腫，精神更加不振，很明顯又是一夜無眠了。

心理醫生感到非常吃驚地問：「你眞的照了我的話去做嗎？」

商人委屈地回答說：「當然是呀！還數到一萬多根呢！」

心理醫生又問：「數了這麼多，難道一點睡意也沒有？」

商人答：「本來是睏極了，但一想到，一萬多根木材能製造多少家具呢？我就又不能入睡了。」

心理醫生於是說：「那計算完不就可以睡了？」

商人嘆了口氣，回答說：「但頭疼的問題又來了，這一萬多根木材製造出的家具，要去哪兒找買主呢？一想到這兒，我就睡不著了！」

這聽起來是個笑話，但是仔細一想，我們自己是否會不自覺地以憂慮和煩悶來塡塞心的空隙呢？

這些排除不了的煩憂，日漸累積變成致命的癌細胞，反過來蠶食鯨呑我們的快樂，試問：這樣的生活品質如何能好起來呢？

更可怕的是，這些憂愁是我們自己找來的。無時無刻地想，無時無刻地製造煩惱。心情好不起來，覺得眼前毫無光亮，就好像一塊終年不見天日的土地，花花草草都生長不出來，自然是一片荒蕪了。

所以，當你覺得沒有希望的時候，乾脆大哭一場吧！認認眞眞地哭完一場後，或許你將會發現，人生最糟不過如此，轉機就在下一個轉角發生。

當你的心轉了一個方向，眼界也會隨著開闊許多；眼界寬了，希望才進得來，不是嗎？

疑慮的膨脹，不久將使其成為事實。

——法蘭西絲・雷德莉・哈佛蓋爾

尊重彼此的想法，是避免爭執的良方

辯論的目的不在於去攻破對方的論點，而是在於強化自己的立足點。不必急著去證明別人錯了，先確認自己沒錯比較重要。

再親密的人，也會有意見相反的時候，如果每個人都堅持對方一定要順從己意，那麼爭執就在所難免了。

爭執一起，就好像落了地的鏡子，破了一角，無論再怎麼細微、再怎麼不明顯，無論再怎麼修補，大家心裡還是明白，那道裂痕永遠存在。

想要避免如此缺憾的發生，唯一的方法就是避免開啓爭端。想要減少爭執，最好的方式，就是尊重對方的想法與看法。

有一個師傅收了兩個徒弟。有一天，這兩個徒弟正在屋裡幹活的時候，突然發現不知道什麼時候飛來了一隻蜻蜓。這隻蜻蜓倉皇地在屋裡亂飛，見著了窗，便急急地朝著窗外的日光飛去。

可是，窗是關著的，即使蜻蜓再怎麼努力地飛，卻始終被窗上厚厚的玻璃擋住了去路，一次又一次徒勞地摔了下來。

甲徒弟看了，忍不住感嘆地說：「這隻蜻蜓實在太傻了，既然已經知道這個方法根本行不通，爲什麼還要一直重複呢？這樣下去，即使飛一輩子也不可能成功的嘛！」

從這隻蜻蜓的行動，讓他領悟到，這個世上有些事永遠無法強求，該放手時就要果斷地放手。

但乙徒弟卻不以爲然地說：「我倒以爲這隻蜻蜓頑強的信念令人佩服，你瞧！牠那麼勇敢，即使失敗了也絕不屈服。」

他從蜻蜓身上學習到，做人就應當像那隻蜻蜓一樣，奮而向前，鍥而不捨，即使使失敗也百折不撓。

兩個人堅持己見，誰也說服不了誰，誰也不讓誰，吵得不可開交，把午睡的師傅吵醒了。

趁這個機會，兩個人便要師傅來評評看到底誰有理。

沒想到，師傅竟然回答：「你們說的都對，也都沒有錯。」

「怎麼可能？」甲乙二人聽了都非常驚訝，心想師傅一定是不想他們再繼續爭執，所以故意給這種模稜兩可的答案。

師傅一下就瞧清了他們兩個人的心思，沒再多說，只是笑著拿來了一塊大餅，吩咐他們兩個把大餅從中切開。

徒弟二人雖不明所以，還是照做了。

餅切好了。師傅問這兩個徒弟道：「你們說說，這兩個半塊餅，哪半塊好？哪半塊不好？」

兩人對看了看，都搖搖頭，回答不出。

師傅說：「你們總是看到相異的地方，卻沒有看到相同的地方，形式上的差異，往往掩蓋了本質的相同。」

徒弟二人這才恍然大悟，不再爭吵。

或許有人說眞理是越辯越明，但在辯論之前，最好先確認自己能夠不預設立場，認眞傾聽對方說法，再從中判斷事情眞正的本質。

有時候，大家都只是就表面在討論，浮面的思考畢竟不能深入問題的核心，爭執到了最後，或許才愕然發現，其實兩個人根本沒注意到眞正的重點，甚至早已偏離了主題，這樣爭吵的結果豈不是浪費了雙方的時間？如果彼此發生了衝突，那麼損失就更加慘重了。

尊重別人的想法，是一種有禮貌的行爲，也是一種尊重自己的作爲。每個人都有發表意見的權利，但每個人也都沒有強迫別人順從的權力。

唯有彼此尊重，才能有機會讓自己冷靜下來，從另外的角度去思考，進而發現自己的盲點。

我認爲，這才是「眞理越辯越明」的眞正意涵，辯論的目的不在於去攻破對方的論點，而是在於強化自己的立足點。不必急著去證明別人錯了，先確認自己沒錯比較重要。

我對每件事都採取一種科學家的方式，即沒有什麼事是絕對不變的，絕不可對某件事做出絕對的判斷。總是有更多的事需要學習，更多的觀念需要更新。所以，我習慣於向他人學習，也必須向他人學習。

——戴維．巴爾的摩

不必對執迷不悟的人浪費唇舌

對就是對，錯就是錯，有什麼好吵的呢？對的吵輸了，難道就會變成錯的嗎？錯的吵贏了，真的就代表他一點也沒錯嗎？

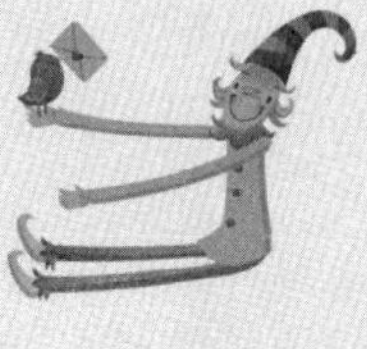

有個連續劇裡的人物，總是喜歡說這麼一句話：「我不喜歡輸的感覺。」

所以，爲了贏，他可以不顧一切、不擇手段，不惜傷害愛他的人，只因爲他不喜歡輸的感覺。

這讓人忍不住要想，這樣子會不會應了一句老話：「贏了面子，輸了裡子」？

我們以爲贏得漂亮，實際上卻是輸得悽慘。

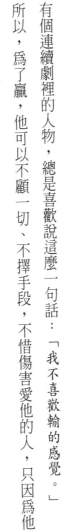

有這麼一個故事，故事裡描述，有一位智者看到兩個人在街上爭得面紅耳赤，便走過去了解狀況。

智者詢問正在爭執的兩個人，想要知道他們究竟在吵些什麼。

原本在吵架的兩個人倒也不囉嗦，左一句、右一句地對智者說明白。

說來說去就是爲了一道算術題，胖子說三七等於二十一，而瘦子則堅持三七等於二十二，兩個人爲了這件事各持己見，爭論不休，還差點打了起來。

既然智者表示願意居中當個裁判，他們便請智者來說說到底三七是二十一還是二十二。他們還約定，誰贏了誰就拿走對方手上的錢幣。

結果，智者請胖子把錢交給瘦子。

瘦子高興得大叫：「你瞧，我就說三七等於二十二吧！」一把搶過胖子手上的錢，開心地走了。

胖子可忍不住了，火冒三丈地一把揪起智者的衣領，生氣地吼著：「連小孩子都知道三乘於七等於二十一，你竟然說那個傢伙對，我看你這個智者肯定是冒牌的，你給我賠錢來！」

智者既沒有害怕也沒有生氣，只是笑著說：「是啊，三七等於二十一，連小孩都知道。你自己清楚明白，別人也都這麼認爲，那你又何必爲了這個淺顯易懂的事實，和執迷不悟的人爭論呢？他堅持不願意接受眞理，你又何必爲他的不智生氣？那個人雖然得到你的錢幣，卻也得到一生的錯誤；而你雖然失去了錢幣，卻避免了這個錯誤啊！」

你認爲這個智者的做法如何？

我們常常會看到許多人爲了一些小小的事情，臉紅脖粗地爭論誰是誰非，只要對的堅持自己對，錯的認爲自己沒錯，這場架就會吵得永無止休。有時候，甚至連和事佬也一併拖下水，最後變成三個人的爭執。

但是，對就是對，錯就是錯，有什麼好吵的呢？對的吵輸了，難道就會變成錯的嗎？同樣的，錯的吵贏了，眞的就代表他一點也沒錯嗎？

所以，故事中的智者便以這樣的方法化解了一場爭執。胖子雖然眼前有點小損失，但是他知道自己的想法是對的；而那個瘦子雖然得到了一筆小利，但總有一天他終於明白自己錯誤的時候，必定會自嘗惡果。

觀念之所以能被傳達，是因爲我們樂於接受，如果我們壓根就排斥某一種說法，那麼別人就算說破了嘴，我們也聽不進去。

所以，當你發現某個人對某件事苦勸不聽的時候，或許可以不用浪費口舌，說不定等到有一天他突然想通了、覺悟了，自己就會跑來找你。

任何事強求總是不成功。

——佛羅倫斯・史卡斐・馨

你可以主動拒絕挫折

不讓挫折有機會近身，就要堅持以正向的角度來看待事情，
不要讓別人的負面想法影響我們的思緒。

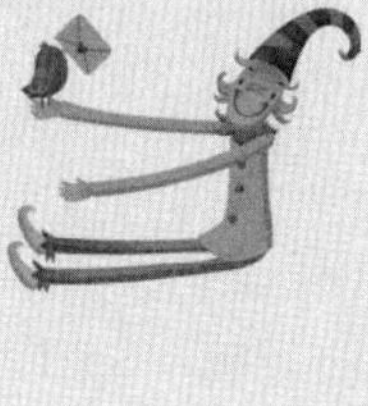

最近有個頗爲聳動的新聞，在日本竟然有九名中學生在同一天裡燒炭自殺，這個消息引起了日本教育界人士震驚。

消息傳來，大家也極爲擔心會發生模仿的連鎖效應。很多人忍不住要問，到底我們的孩子怎麼了？

他們那麼小的年紀，又沒有經過什麼人生的苦痛，爲什麼會有尋死的念頭？

可是，當我們回顧年少，回想周遭，其實眞的有許多人在學生時代產生過自

殺的念頭。姑且不論是什麼事情或情境阻止了悲劇發生，我們至少可以確認一點，有些時候，就是會有些讓人掙脫不開的負面想法縈繞不去。

這些想法可能來自於生活中的挫折與不愉快，如果放任這些負面想法繼續牽制我們，這股力量很可能會逼得人走上絕路。

先請大家細細品味以下兩個例子。

有兩個法國觀光團不約而同地來到日本伊豆半島旅遊，當時路況很壞，到處都是坑洞。其中一位導遊整路連聲抱歉，說路面簡直就像痲子一樣。

而另一個導遊卻詩意盎然地對遊客說：「諸位先生女士，我們現在走的這條道路，正是赫赫有名的伊豆迷人酒窩大道。」

一個小學三年級的學生，在作文中寫著，他將來的志願是當個小丑。

一個老師看了立刻斥之爲：「胸無大志，孺子不可教也！」

但是另一個老師聽到則說：「願你把歡笑帶給全世界！」同樣的情況，不同的意念想法，就會產生不同的態度。

在第一個例子中，旅客本來一定也察覺了路面的情況，既然連導遊自己都覺得這是個很糟的情況而不停道歉，或許旅客們也會開始跟著抱怨幾句，到最後，到了任何景點，一定會先以挑剔的眼光來看待，恐怕這名導遊該道的歉還不只這一樁呢！

至於另外一名導遊則聰明多了，以自我解嘲來形容這條道路，缺點在一瞬間似乎反而變成了一種特色。遊客的遊興必然不減，會心一笑之餘，反而更引起想參觀更多新奇事物的好奇心。顯然，這一位導遊是成功地將他的工作效能發揮到了極致。

像第二個例子中，第二位老師的說法，說不定無形中塑造了一位未來的表演大師；而第一位老師卻狠狠摧毀一個孩子的天真想法，讓孩子得到他第一個人生挫折。

要如何去想，決定權在你。事實上，選擇積極或消極的態度去面對事情，結果截然不同。

我們不能預測我們的每一個想法在別人眼中具有什麼意義，更不能預測別人會如何回應，所以我們必須學習一項自保的方法，那就是以積極客觀的態度，主動拒絕挫折。

不讓挫折有機會近身，就要堅持以正向的角度來看待事情，不要讓別人的負面想法影響我們的思緒。

學習在黑暗之中尋找光源，凡事只要尚存一線生機，就有不須放棄的希望。

只有膽小的人才不顧自己的觀點多麼有力而向對手低頭認輸，並且在自己所規定的道路上退卻。

——雨果

人生的色彩是自己調製出來的

想過什麼樣的生活，其實選擇權都握在自己的手中。這一塊人生畫布，你想如何揮灑，你自己去決定。

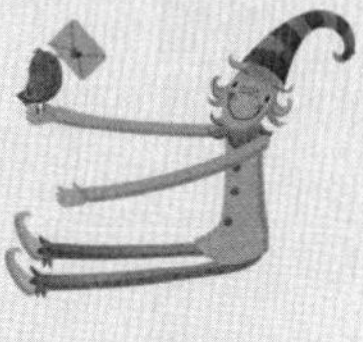

俄國作家杜思妥也夫斯基說過：「凡是新的事物在起頭總是這樣的，起初熱心的人很多，而不久就冷淡下去，撒手不做了。因為他們已經明白，不經過一番苦工是做不成的，而只有想做的人，才能忍得過這番痛苦。」

可見得，若是決心做一件事，首先必要能夠自我體認，這將會是一趟長遠的旅程，不能堅持到底的人，永遠也抵達不了最後目的地。

在法國有一個小城鎮，住著一位老神父。老神父每天天剛濛濛亮的時候，就拿出掃把開始掃地，從教堂內掃到教堂外，從城裡掃到城外，一直掃到城外十幾里處。

天天如此，月月如此，年年如此。

小城裡的人，每天都會看見這個老神父在掃地。老神父已經很老很老了，就像一株古老的松樹，不再見它抽枝發芽，可也不再繼續衰老。

有一天，老神父躺在木床上，安然離世了，臉上掛著平靜如常的笑容，小城裡的人誰也不知道他究竟活了多少歲月。若干年之後，有人根據老神父所遺留下來的日記，推算出他享年一百三十八歲。

姑且不論這個故事的眞假，但故事中老神父的作爲卻讓我們體悟出，平淡與清淨其實也揮灑出了人生的色彩。

或許有人會譏笑老神父只會掃地，才會讓自己的人生過得清苦平淡，眞是傻得可以。但是，我們卻無法否認，老神父就是在這樣的一分平淡之中，掃出了小城的一片淨土，為自己掃出了心底的清淨，更掃出了一百三十八歲的高壽。

他能夠在平淡之中找尋到自己的樂，享受著生活中的種種滋味，誰又能說他的平淡生活不是人生智慧的抉擇？

每個人都可以決定自己的人生，想過什麼樣的生活，其實選擇權都握在自己的手中。這一塊人生畫布，你想如何揮灑，你想用什麼色調，畫筆、顏料都在你手裡，你自己去決定。不滿意世俗提供的顏彩，你甚至可以自己去調製出你眞正想要的顏色。

老神父選擇了清淡刻苦地過活，得到了一百三十八歲的高壽，這樣長的時間，吃不了苦、沒有耐性的人，恐怕不會覺得這是一種恩賜，說不定反而覺得是一種漫長的懲罰呢！但是，我猜想那位含笑而終的老神父，應該是不枉人生走過這一遭吧！

不依賴強者，不輕視弱者

種了什麼因，就收得什麼果。孟嘗君不以自己的才識財富自傲，對待食客一視同仁，而食客們也以自己的能力才學予以回報。

有一句話這麼說：「別看不起你身邊的兄弟，因為你不曉得聖靈是在你裡面，或是在他裡面。」

有時候，我們以爲自己有足夠能力便妄自尊大，有時候，我們以爲自己知識不足便怯弱自卑。顯然，這都是不合時宜的想法。最好的觀念是相信自己，絕不依賴強者、全然聽信權威，也絕不輕視弱者、恣意蔑視他人。

因爲，我們不知道什麼時候會遭到背叛，我們也不知道什麼時候會收得報答。

有一則寓言是這麼說的。有一天，一隻小老鼠不小心掉進了一口缸裡，怎麼也出不來，小老鼠只能無奈地吱吱叫著。一聲聲的哀鳴，卻好像誰也聽不見似的。可憐的小老鼠心想，這口缸看來就是自己的墳墓了。

就在這時，一隻大象恰巧經過缸邊，聽到求救聲，輕輕鬆鬆地便用鼻子把小老鼠吊了出來。

「謝謝你，大象。感謝你救了我的命，我眞希望日後能報答你。」小老鼠眞誠地向大象道謝。

大象笑著說：「你準備怎麼報答我呢？你不過是一隻小小的老鼠。」

過了些日子，大象不幸被獵人捉住了。獵人們用繩子把大象五花大綁地綑了起來，準備等天一亮就立刻運走。

大象著急了，但是無論怎麼掙扎，也無法把繩子扯斷。這時，小老鼠出現了。小小的身體，一溜煙地溜上了大象的背部，二話不說開始用銳利的牙齒咬著繩子，終於在天亮前咬斷了繩子，大象獲救了。

「你看到了吧，我履行了自己的諾言。」小老鼠對大象說。

這個故事讓人聯想到戰國時代的孟嘗君。

號稱養士三千的孟嘗君，門下養的食客多得數不清，對於上門求助的人從不設門檻，所以食客中不論布衣、罪犯，甚至雞鳴狗盜之徒比比皆是。

由於孟嘗君的豁達與義氣，他門下的食客也多半能在他危難之時，以自身的獨特才能爲他助上一臂之力。

比方說，有一次孟嘗君到了秦國作客，結果意外遭到秦王軟禁，當時情況危急，隨行的一千名士個個感到棘手，不知道該如何是好。

有人提議去找秦王的寵妾燕妃代爲向秦王說項，想不到燕妃竟提出一個嚴苛的要求，要得到那件孟嘗君送來給秦王當賀禮一模一樣的白狐裘。這個要求讓一群人全傻了眼，白狐裘天下只有一件而已，哪來去找另一件一模一樣的呢？

沒辦法，只好去偷回來了。這時有一名食客自薦，自願擔任這件任務。這個人原本是個樑上君子，後來承蒙孟嘗君不棄，收入門下當食客，現在到了他回報孟嘗君知遇之恩的時候了。他偷偷潛入秦王的宮中，學了幾聲幾可亂眞的狗叫，將衛士引開，果然順利將那件白狐裘偷了回來。

在燕妃的幾句好話之後，秦王態度果然軟化，不再強行拘禁孟嘗君，但是仍然不許他離開秦國。不得已，孟嘗君只好喬裝打扮，連夜奔往秦國邊境的關口，只要出了函谷關，秦王就算發現也奈何他不了。

可是，來到了函谷關關口天還未亮，守門的官兵得等到雞鳴之時才會開門。出不了關，一行人可眞是急死了，要是秦王這時派兵來追，該要如何是好？幸好，有一位精於學雞叫的食客這次也一起跟來，他連忙學起雄雞鳴叫的聲音，四周的雞聽到也跟著叫了起來。秦兵一聽此起彼落的雞鳴，以爲眞的要天亮了，便打開大門。孟嘗君一行人總算順利逃離秦國，回到了齊國。

孟嘗君出身貴族，卻能不重身分地位，打破階級觀念，接納各種有能之士。

這樣的人格氣度，也讓那些被他接濟的食客，願意不惜一切爲他赴湯蹈火。

這就是人與人之間，一種自然相互傳遞的善念。

孟嘗君不以自己的才識財富自傲，對待食客一視同仁，而食客們也以自己的能力才學予以回報。

就像前面故事中的大象與小老鼠，老鼠的力氣雖小，但是在恰當的時機地點，就能發揮只有牠才能辦得到的功效。

再回頭想想最前面的那一句話，我們應該有相當的體會了，因爲我們永遠不會知道，「聖靈是在我裡面，還是在他裡面」。

讓自己為別人帶來幸福。善意的微笑或是肩膀上的輕拍，都可能把一個人從懸崖的邊緣拉回來。

——卡密利亞．艾利特

藉痛苦之力超越自己

苦痛如浪潮，是一種推波助瀾的動力，如果你懂得如何去運用的話，乘著浪頭或許可以將你帶往另一座高峰。

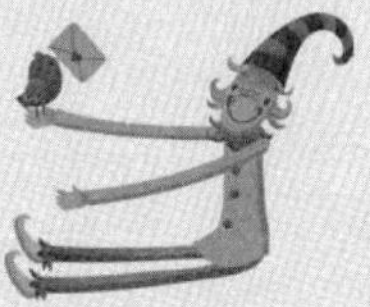

人生縱有得意之時，但又何嘗沒有失意時刻？順境之後，逆境可能接踵而至，如果得意之時不懂得盡情享受，那麼失意時候的難過，恐怕會因爲後悔錯過而加倍吧！

所以，何不以坦然的心態面對，該來的就來，該受的就受，就不至於對自己的未來感到惶惶不安。如果能夠體會出這一點，得意時盡情享盡意氣飛揚，失意時也將能明白「忍得一時氣，方能收得一片天」的道理。

苦難與挫折，確實令人痛苦難忍，但是如果咬緊了牙關撐了過去，那種豁然開朗的感覺想必更加喜樂。

當你覺得自己正在受苦的時候，不妨想一想下面這個故事。

有一隻蚌忍不住對另一隻蚌說：「我眞是痛苦不堪，那又重又粗的砂粒在我體內滾來滾去，常常使我痛得不能休息。」

另一隻蚌聽了，不禁驕傲自得地回答說：「謝天謝地，我體內沒有被砂粒折磨的痛苦，我裡裡外外都舒服得很呢！」

此時，有一隻螃蟹經過，聽到兩隻蚌的對話，忍不住插話對那隻驕傲的蚌說：「是啊！你是很舒服，但是你最後將一無所得；而你的朋友忍受痛苦的結果，卻將生出一顆非常美麗的珍珠。」

很多人以爲痛苦是上天給予的懲罰與折磨，避之唯恐不及，但是最後終究少不了苦難的追逼。可是，有一些人卻認爲，痛苦是來自內在的省思，由於心靈與肉體受苦，讓我們積極去淨化自己、改變自己，善用境遇。像法國作家羅曼．羅蘭就曾在《母與子》一書中，寫下如此的話：「痛苦這把犁刀一方面割破了你的心，一方面掘來了生命新的水源。」

苦痛如浪潮，是一種推波助瀾的動力，如果你懂得如何去運用的話，乘著浪頭或許可以將你帶往另一座高峰。

但是，如果你放任浪潮沖擊，沉溺於痛苦之中難以自拔，那麼最後必遭苦痛滅頂。

生活良品

24

想改變未來，先改變你的心態

作　　者　黛　恩
社　　長　陳維都
藝術總監　黃聖文
編輯總監　王　凌
出 版 者　普天出版家族有限公司
新北市汐止區忠二街 6 巷 15 號
TEL / (02) 26435033 (代表號)
FAX / (02) 26486465
E-mail：asia.books@msa.hinet.net
http://www.popu.com.tw/
郵政劃撥 19091443 陳維都帳戶
總 經 銷　旭昇圖書有限公司
新北市中和區中山路二段 352 號 2F
TEL / (02) 22451480 (代表號)
FAX / (02) 22451479
E-mail：s1686688@ms31.hinet.net
法律顧問　西華律師事務所・黃憲男律師
電腦排版　巨新電腦排版有限公司
印製裝訂　久裕印刷事業有限公司
出 版 日　2021 (民 110) 年 1 月第 1 版
I S B N◎978-986-389-753-8　　條碼 9789863897538

國家圖書館出版品預行編目資料

想改變未來，先改變你的心態／
黛恩著.—第 1 版.—：新北市,普天出版
民 110.1 面；公分. - (生活良品；24)
I S B N◎978-986-389-753-8 (平裝)

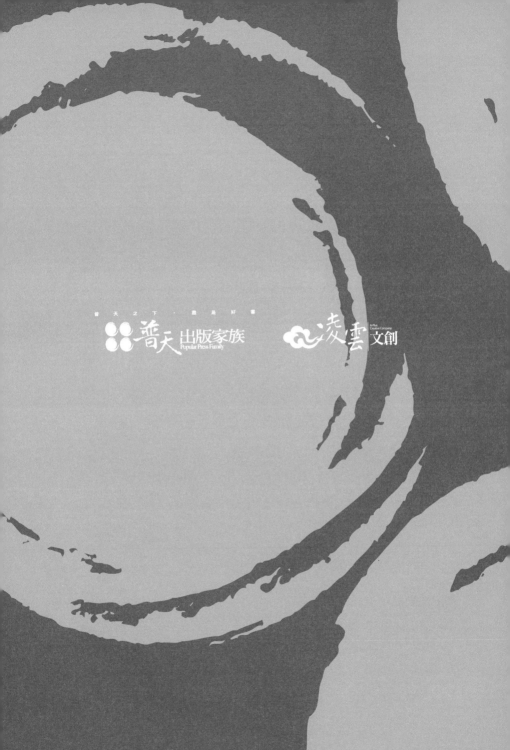